Herbert Walker

Schwäbisch kochen – vollwertig mit Pfiff

Herbert Walker

Schwäbisch kochen – vollwertig mit Pfiff

pala
verlag

Inhalt

Liebe Freundinnen und Freunde der Vollwertküche,

eigentlich wollte ich ein ganz anderes Kochbuch schreiben, aber als ich beim Ausprobieren meiner Rezepte war und die Zusammenstellung betrachtet habe, fiel mir auf, wie viele davon aus meiner schwäbischen Heimat stammten. So entschloss ich mich dann, die schwäbische Küche in den Mittelpunkt dieses Buchs zu stellen und Sie zu einer kulinarischen Rundreise durch Schwaben einzuladen.

Die schwäbische Küche ist vielfach geprägt durch zwei besondere Eigenschaften, die uns Schwaben auszeichnen: Zum einen sind wir sparsam. Manche, die uns besonders gut oder auch weniger gut kennen, sagen, wir seien des Geizes wegen aus Schottland ausgewiesene Schotten. Aber das halte ich dann doch für etwas übertrieben. Und zum anderen sind wir erfinderisch, deshalb finden Sie in diesem Buch durch die zahlreich angeführten Variationen und Tipps mindestens die doppelte Menge an Rezepten als es auf den ersten Blick scheint

Einer schwäbischen Hausfrau oder einem schwäbischen Koch würde es nie einfallen, etwas wegzuwerfen, wenn zu viel gekocht wurde. Außerdem ist es ökonomischer, zum Beispiel statt an zwei Tagen je 500 Gramm Kartoffeln gleich ein Kilogramm auf einmal zu kochen.

Doch am nächsten Tag soll es eine Abwechslung geben und da muss man sich überlegen, wie das zu schaffen ist. Dass dies fast immer möglich ist, werden Ihnen die folgenden Rezepte zeigen, wobei ich diese alte Tradition der kreativen Entwicklung von Kochrezepten gerne fortsetzen möchte.

In unserer Ausdrucksweise sind wir Schwaben manchmal etwas derbe – denken Sie nur mal an den Götz von Berlichingen, der ja auch ein Schwabe war – und so klingen auch die Namen mancher Gerichte etwas derbe, andererseits neigen wir Schwaben aber auch dazu, manches zu verniedlichen und hängen deshalb so oft das »le« an Worte an.

Da nimmt es nicht wunder, dass auch viele unserer Gerichte deftig sind. Doch in der oft rauen Schale des Schwaben ist ein weicher Kern, vielleicht lieben wir deshalb auch das Süße so sehr.

Der Worte sind genug gewechselt, lasst uns Taten sehen. Viel Spaß beim Kochen und noch mehr Genuss beim Essen.

Ihr

Allgemeine Hinweise

- Da nicht alle **schwäbischen** Begriffe für Fremde und *Zugroiste* sofort verständlich sind, habe ich Ihnen als Einleitung noch ein entsprechendes kleines **Wörterbuch** eingefügt.
- Die Rezepte sind immer, wenn nichts anderes gesagt wird, **für vier Personen gerechnet,** bei Backformen ist ein Durchmesser von 26 cm vorgesehen.
- Um mehr Platz für Rezepte und Tipps zu haben, verzichte ich weitgehend auf Selbstverständlichkeiten und die Beschreibung einfacher Handgriffe. Denn Sie wissen selbst, dass zum Beispiel Obst und Gemüse gut **gewaschen** und **gesäubert** und – wenn unbedingt erforderlich – **geschält** wird, so dass ich nicht in jedem Rezept darauf hinweisen muss.
- Bei den **Gewürzen** habe ich häufig auf **Mengenangaben** verzichtet, denn es ist schwer, hier allgemein gültige Angaben zu machen. Wie viel ist eine Messerspitze? Das hängt ganz davon ab, ob Sie ein breites oder ein spitzes Messer nehmen. Gehen Sie bei den Gewürzen mit **Gefühl** vor und schmecken Sie Ihre Gerichte so ab, dass Sie Ihnen und den anderen **munden**.
- Wählen Sie für die Zutaten so weit wie möglich **Produkte aus kontrolliert biologischem Anbau**, die zum Beispiel unter den Markenzeichen Bioland, Demeter oder auch dem Bio-Blatt des Reformhausverbandes neuform angeboten werden und die Sie überwiegend in Reformhäusern, Naturkost- oder Hofläden erhalten.
- Obst und Gemüse sollte man insbesondere dann verwenden, wenn sie frisch **aus einheimischer Ernte** erhältlich sind, dies spart Transport- und Energiekosten und, ganz wichtig, Sie schmecken es, denn ihr Geschmack ist dann viel intensiver und natürlicher.
- Wenn ich Mehl, Grieß, Weckmehl schreibe, meine ich immer und ausschließlich **Produkte aus dem vollen Korn,** das Mehl

wird bei mir immer unmittelbar vor der Verarbeitung gemahlen. Daher ist eine Getreidemühle jedem Haushalt zu empfehlen, wenn auf Dauer vollwertig gekocht wird. Wenn Sie erst einmal testen wollen, dann können Sie die entsprechenden Mengen in den Läden meist mahlen lassen. Für Müsli und auch für manche Getreidegerichte gut geeignet sind Flockenquetschen.

- In diesem Buch und auch sonst verwende ich ausschließlich **Honig, Trockenfrüchte und Obst zum Süßen**. Wenn Sie einen gewissen Verlust an Naturbelassenheit und Vollwertigkeit in Kauf nehmen, können Sie auch Sirup oder Obstdicksäfte verwenden, auf raffinierten Zucker sollten Sie aber verzichten.
- Als **Fette** verwende ich nur **kaltgepresste Öle** – überwiegend Sonnenblumenöl, teilweise auch Olivenöl. Zum Kochen und Braten eignet sich besonders Erdnussöl – und Butter, die Verwendung von Reformmargarine ist auch denkbar. Vermeiden Sie raffinierte Öle und gehärtete Margarinen, denn diese Produkte werden in ganz erheblichem Umfang industriell und chemisch bearbeitet.
- Verwenden Sie möglichst **keine Zutaten mit Konservierungsmitteln, künstlichen Farbstoffen und synthetischen Vitaminen.**
- Ich verwende nur **Salz ohne Jodzusatz** – leider schwimmen auch einige Anbieter aus dem kontrolliert biologischen Anbau schon auf der Jodwelle – entweder pur oder als Kräutersalz in den verschiedensten Ausprägungen.
- Bei **Nüssen** können Sie meist nach Ihrem eigenen Geschmack unter den üblichen Sorten variieren, ich verwende Hasel-, Erd- oder Walnüsse sowie Mandeln, andere Nüsse sind im jeweiligen Rezept detailliert aufgeführt.

Übersetzungen ins Hochdeutsche für Nichtschwaben

Schwaben sollten dies vorsichtshalber nicht lesen.

Blaukraut	Rotkohl
Bladdz	dünner Blechkuchen, unterschiedlich belegt
Brezel	kunstvoll geflochtenes Backwerk, entweder pikant als Laugenbretzel – wir lieben sie aufgeschnitten und mit Butter bestrichen oder süß als Palmbretzel, die es meist nur vor Ostern gibt
Broggela	Erbsen
Bubaspitzle	ein etwas anstößiger Name für eine Delikatesse, sie heißen auch bei uns manchmal Schupfnudeln
Eierhaber	dickerer Eierkuchen
Fasnet	Fasching / Karneval
Flädle	dünne Pfann- oder Eierkuchen
gelbe Rüben	Möhren, Karotten
geschmälzt	in Butter angebraten
gröschdet	geröstet, angebraten, meistens in Ei
Gsälz	Marmelade oder Konfitüre
Hägemark	Hagebuttenmarmelade oder -mus
Holder	Holunder
Hutzeln	im Ganzen getrocknete Birnen
Kranzes	Hefezopf

Kratzete	zerrissenes Omelett oder Kartoffelomelett, verwandt mit dem Schmarren
Kraut	Kohl
Knöpfle	Knödel oder Klöße in unterschiedlicher Größe und aus verschiedenen Zutaten
Küchle	süßes oder pikant gebratenes Gebäckstück
Maultaschen	gefüllter Nudelteig (wenn das ein Schwabe hören würde)
nackert	nackt
Nonnenfürzle	etwas anrüchiger Name für ein köstliches Gebäck
Ofenschlupfer	süße Spezialität aus altbackenen Wecken und Äpfeln
Pfitzauf	Gebäck, das in einer besonderen Form gebacken wird
Rädle	in Scheiben geschnittenes Gemüse oder Kartoffeln
Riebele	geriebener Teig, der entweder in Wasser oder Öl gegart wird
Spätzle	schwäbische Nudelspezialität, aber sagen Sie nie in Gegenwart eines Schwaben zu Spätzle »Nudeln«
Spatzen	siehe Spätzle
Träuble	Johannisbeeren
Wecka, Wecken	Brötchen, Semmeln
Weckmehl	Semmelbrösel
Zwetschga	Zwetschgen, Pflaumen

Suppen und Eintöpfe

Schwaben sind echte Suppenesser, man spricht auch gern vom *Suppenschwob*, für die meisten ist ein Mittagessen ohne Suppe kein Mittagessen. Ich selbst kann mich nicht so sehr für Suppen begeistern, wenn ich mal von den folgenden Rezepten absehe.

Im Vorwort habe ich schon auf die sinnvolle und schmackhafte »Resteverwertung« in der schwäbischen Küche hingewiesen, was liegt also näher, als mit einem entsprechenden Rezept zu beginnen.

Am Vortag gab es Pfannkuchen und das geplante oder ungeplante Überbleibsel wird bis zum nächsten Tag im Kühlschrank aufbewahrt und dann zur Suppe verarbeitet.

Flädlesuppe

100 g Lauch	in feine Streifen schneiden, in
1 – 2 EL Öl	oder
Butter	kurz anbraten,
100 g gelbe Rüben	grob raspeln, kurz mitbraten und dann
750 ml Gemüsebrühe	zugießen, alles gut 5 Minuten köcheln lassen. In der Zwischenzeit die
Pfannkuchen	in ½ cm breite und 6 – 8 cm lange Streifen schneiden und für 1 – 2 Minuten in die Gemüsebrühe geben.
etwas Petersilie	fein hacken. Die Suppe in die Teller geben und mit der Petersilie bestreut servieren.

Tipp: Sie können auch anderes Gemüse wie Erbsen, Sellerie, Kohlrabi, Frühlingszwiebel oder Kürbis zugeben.

Bei der folgenden Suppe ist durchaus eine Verwandtschaft zu der schwäbischen Leibspeise, den Spätzle, erkennbar und daher ist sie besonders lecker.

Riebelesuppe

150 g Weizen	fein mahlen, mit
1 Ei,	
1 Eigelb,	
Salz	und
Muskat	zu einem festen Teig verkneten. Den Teig auf einer feinen Reibe auf eine Platte reiben, einige Minuten trocknen lassen.
1 kleine gelbe Rübe	grob raspeln,
1 ½ l Gemüsebrühe	aufkochen, die gelben Rüben zugeben und dann die Riebele. Alles gut 5 Minuten kochen und mit
Schnittlauch	oder
Petersilie	bestreut servieren.

Tipp: Eine klein geschnittene Zwiebel oder Lauch passt ebenso. Zusätzlich kann man Broggela dazugeben, eventuell auch anstatt der gelben Rüben.

Die folgende Suppe klingt nach einem Arme-Leute-Essen, wobei in der schwäbischen Küche durchaus zwischen Herre'Esse und Baure'Fresse unterschieden werden kann. Doch ganz gleich, wozu Sie diese Suppe zählen, sie ist ein kräftiger Genuss.

Geschmälzte Brotsuppe

1 kleine Zwiebel	fein würfeln und in
60 g Butter	im Topf glasig anbraten.
150 g altbackenes Vollkornbrot	in Würfel schneiden und kurz mitbraten.
¾ l Gemüsebrühe	zugeben und gut durchrühren und einige Minuten kochen. Dann mit
Salz, Muskatblüte, gemahlenen Fenchelsamen	und
Majoran	würzen.
1 Ei	verquirlen und in die leicht kochende Suppe einfließen lassen. Mit Schnittlauch bestreut servieren.

Tipp 1: Wer – im Gegensatz zu mir – Kümmel liebt, kann diesen mit anbraten, allerdings sollte man dann auf den Fenchel als Gewürz verzichten.

Tipp 2: Mit etwas Gemüse, zum Beispiel gelbe Rüben (Möhren) und Lauch, kann man diese Suppe sehr gut anreichern.

Wenn mal Brezeln übrig bleiben, was eigentlich fast nicht vorstellbar ist, denn dieses verschlungene herzhafte Gebäck ist aufgeschnitten und mit Butter bestrichen so gut, dass man alles aufisst. Aber gesetzt den Fall, es träte doch mal ein, dann lässt man die Brezeln ein bis zwei Tage liegen und kocht dann eine ganz besondere Suppe.

Laugenbrezelsuppe

3 altbackene Vollkornlaugenbrezeln 1 l kalter Gemüsebrühe	in kleine Stücke schneiden und in zugedeckt eine Stunde einweichen. Dann die Gemüsebrühe aufkochen und so lange köcheln lassen, bis die Brezelstücke zerfallen sind.
½ Bund Schnittlauch	in kleine Röllchen schneiden.
1 Eigelb	mit
2 EL Sahne	gut vermischen und mit den Kräuter in die Suppe geben und mit
Muskat,	
Kräutersalz	und
Pfeffer	würzen.

Tipp: Sie können anstatt der Eiersahne oder zusätzlich auch noch fein geriebene gelbe Rüben, Sellerie oder fein geschnittenen Lauch zufügen.

Kartoffelsuppe gab es früher häufig am Samstag als vollwertige Mahlzeit, wenn durch den wöchentlichen Einkauf die Zeit knapp war zum Kochen. Und so schmeckte die Suppe bei Muttern:

Kartoffelsuppe

400 g Kartoffeln	in Salzwasser etwa 25 Minuten weich kochen, mit kaltem Wasser abschrecken, schälen.
800 ml Gemüsebrühe	aufkochen, Kartoffeln durch die Kartoffelpresse hineindrücken, nicht mehr aufkochen, kräftig mit
Majoran	und
Basilikum	würzen,
40 g Hartkäse	hineinreiben.
1 Stück Lauch (5 cm)	in schmale Streifen schneiden,
1 gelbe Rübe	grob raspeln, beides zugeben und alles zusammen gut 5 Minuten auf der ausgeschalteten Herdplatte ziehen lassen, mit
Kräutersalz,	
Pfeffer	sowie
Muskat	abschmecken.
Petersilie	klein hacken und zum Servieren die Suppe damit bestreuen.

Tipp: Sie können auch noch eine klein geschnittene, angebratene Zwiebel und/oder eine Knoblauchzehe zugeben, gut schmeckt auch ein geriebener Apfel.

Serviervorschlag: Als Hauptgericht sollten Sie die Menge bei vier Personen um die Hälfte erhöhen.

In einer klaren Gemüsesuppe, aber auch in einer Tomaten- oder Kürbissuppe, machen sich die folgenden Käseknöpfle als Einlage besonders gut und sind ein weiterer Grund, warum Schwaben Suppen so sehr lieben.

Käse-Knöpfle-Suppe

50 g Butter	schaumig rühren,
150 g Emmentaler	fein reiben, mit
1 Ei,	
Kräutersalz,	
Muskat,	
Pfeffer,	
Liebstöckel,	
gehackter Petersilie	sowie
100 g Weckmehl	glatt rühren, 10 Minuten quellen lassen.
1 l Gemüsebrühe	erhitzen. Mit feuchten Händen walnussgroße Knöpfle formen und in der leise köchelnden Gemüsebrühe 15 Minuten garziehen lassen und sofort servieren.

Tipp: Ich reibe noch eine kleine gelbe Rübe sehr fein und schneide etwas Lauch in dünne Streifen und koche dies 5 Minuten mit.

Etwas Zeit braucht man für die nächste Suppe, denn zuerst muss die Einlage gekocht werden, ehe man die eigentliche Suppe zubereiten kann.

Eierstichsuppe

2 Eier	mit
4 – 5 EL Milch,	
Salz,	
Pfeffer	und
Thymian	gut verquirlen, in eine nach oben breiter werdende, gefettete Schale füllen und im Wasserbad gut 20 Minuten stocken lassen. Wenn die Masse etwas abgekühlt ist, herausnehmen und in kleine Würfel schneiden.
1 l Gemüsebrühe	erhitzen und kurz aufkochen, die Eierstichwürfel hineingeben.
Schnittlauch	oder
Petersilie	klein schneiden und über die Suppe streuen. Heiß servieren.

Tipp: Sie können auch noch etwas geraspeltes Gemüse kurz mitkochen oder Sie nehmen 150 – 200 g Gemüse und dafür nur den Eierstich aus einem Ei.

Meine Lieblingssuppen sind die cremigen, pürierten Suppen, wobei die Zubereitungsart immer ganz ähnlich ist, doch die wichtigsten Zutaten variieren entsprechend. Das folgende Grundrezept lässt sich mit Rote Bete, Kürbis, gelbe Rübe oder Sellerie verwenden, natürlich müssen dabei die Kochdauer und die Gewürze leicht variiert werden.

Tomatensuppe

1 kleine Zwiebel	fein hacken,
1 Knoblauchzehe	zerdrücken, beides in
2 EL Butter oder Öl	kurz andünsten.
Wasser	in einem separaten Topf erhitzen, nach und nach
4 – 6 Tomaten (etwa 750 g)	hineingeben, jede Tomate nach kurzer Zeit herausnehmen und häuten, dann klein würfeln und zu den Zwiebeln geben. 5 Minuten dünsten.
20 g Weizen	fein mahlen, über die Tomaten stäuben, dann
½ l Gemüsebrühe	zugeben, mit
Kräutersalz, Pfeffer,	
scharfem Paprika	und
Majoran	kräftig würzen, 5 – 10 Minuten kochen und pürieren,
150 ml Sahne	unterrühren, dann nochmals abschmecken.

Tipp: Wer will, kann nach 5 Minuten ein Eigelb unterrühren, allerdings darf die Suppe dann nicht mehr kochen.

Serviervorschlag: 100 ml Sahne steif schlagen, mit 50 g geriebenem Käse vermischen und damit die Suppe vor dem Servieren krönen.

Linsen liebe ich in allen Variationen, ob schwarz oder rot, doch eigentlich geht mir nichts über die schwäbische Art und wenn es noch Hefeknöpfle dazu gibt, dann sind sie erst vollkommen.

Linseneintopf

250 g Linsen	in gut
700 ml Wasser	aufkochen und 30 – 40 Minuten mit
1 – 2 Lorbeerblättern	köcheln lassen.
1 kleine Zwiebel	fein schneiden und in
1 – 2 EL Erdnussöl	anbraten,
150 g Lauch	in feine Streifen schneiden,
150 g gelbe Rüben	fein würfeln, beides zu den Zwiebeln geben, unter Rühren kurz anbraten, dann
60 – 80 ml Gemüsebrühe	zugeben und gut 5 Minuten weich dünsten, zu den Linsen geben und dort nochmals 5 Minuten mitkochen, mit
Salz,	
Pfeffer,	
Paprika	und
Majoran	kräftig würzen, kurz vor dem Servieren noch
1 EL Obst- oder Balsamico-Essig	zufügen und unterrühren. Heiß servieren.

Serviervorschlag: Mit Spätzle oder aufgeschnittenen Hefeknöpfle (siehe Seite 94) servieren, wer will, kann noch heiße vegetarische Würstchen hineinschneiden, auch Schupfnudeln eignen sich.

Schließen wir dieses Kapitel mit einem besonders nahrhaften Gericht. Es entstand in Kriegszeiten, als die Gaisburger (Vorort von Stuttgart) Frauen ihren gefangen genommenen Männern Essen bringen durften, allerdings nur eine Schüssel pro Mann. Damit die Männer wieder zu Kräften kamen, gaben sie alles, was nahrhaft ist, in diesen Eintopf.

Gaisburger Marsch

1 Zwiebel, Petersilie	fein hacken,
1 gelbe Rübe	und
100 g Sellerie	in kleine Stücke schneiden, Zwiebel in
etwas Fett	anbraten, dann das Gemüse zugeben, kurz mitbraten, dann
¾ l Gemüsebrühe	zugeben und aufkochen.
500 g Kartoffeln	schälen und in Scheiben schneiden und in der Gemüsebrühe weich kochen. In der Zwischenzeit
Spätzle (siehe Seite 36)	zubereiten und in
Butter oder Öl	schwenken.
1 Zwiebel	in Streifen schneiden und in
Butter oder Öl	leicht bräunen. Spätzle zu den Kartoffeln geben, dann die angebräunte Zwiebel darüber und mit
klein geschnittenem Schnittlauch	bestreut servieren.

Tipp: Schneller geht es, wenn Sie bereits am Vortage gekochte Kartoffeln und Spätzle verwenden und das Gemüse nur kurz dünsten. Außerdem können Sie noch vegetarische Würstchen hineinschneiden oder – dann ist es etwas verfremdet – angebratene Tofustücke zugeben.

Salate

Für jeden Schwaben hat sein 40. Geburtstag eine ganz besondere Bedeutung, denn

Dr Schwob wird mit vierzga gescheid,
dia ander net en Ewigkeit

Der Schwabe wird mit vierzig gescheit
die anderen nicht in Ewigkeit

Welch ein Glück für mich, als Schwabe geboren zu sein und bereits die 40 überschritten zu haben.

Wir Schwaben wissen, was notwendig ist, um aus einem normalen einen besonderen Kartoffelsalat zu machen: Die Kartoffel muss fest kochend sein und *Sieglinde* heißen und das Öl *Lein.* Beginnen wir mit dem klassischen Kartoffelsalat, wobei hier den vorgenannten Zutaten eine besondere Bedeutung zukommt.

Kartoffelsalat

500 g Salatkartoffeln	in
1 l Salzwasser	in der Schale in 20 – 25 Minuten weich kochen. In der Zwischenzeit
1 kleine Zwiebel	fein würfeln und in
1 EL Butter	anbraten und mit
3 – 4 EL Gemüsebrühe	2 – 3 Minuten dünsten. Die Kartoffeln noch warm schälen und in dünne Scheiben schneiden. Die heiße Gemüse-Zwiebel-Brühe über die warmen Kartoffeln gießen und mit
Kräutersalz, Pfeffer, Muskat, Paprika,	
2 EL Apfelessig	und
4 EL Leinöl	würzen und gut mischen. Einige Minuten durchziehen lassen, gegebenenfalls kann es notwendig sein, noch etwas Essig und Öl zuzugeben, mit
klein geschnittenem Schnittlauch	servieren.

Serviervorschlag: Zu Kartoffelsalat gehören in erster Linie Spätzle – in fast allen Variationen – und Soße, in der vegetarischen Küche ergänzt mit Küchle, gebratenen Sellerie- oder anderen Gemüsescheiben oder auch Pilzen.

Im Sommer kann man den Salat mit Gurke verfeinern und im Herbst mit Gewürzgurken.

Kartoffelsalat mit Gurke

Kartoffeln,	
Zwiebel	und
Marinade	wie im vorigen Rezept zubereiten,
1 kleine Salatgurke	in sehr dünne oder
2 – 3 Gewürzgurken	in dickere Scheiben schneiden. Die Kartoffeln würzen und die Gurken nach einigen Minuten zufügen und servieren, Schnittlauch ist möglich, aber nicht notwendig.

Tipp: Wenn Sie die Gurke raspeln, können Sie etwas weniger Marinade verwenden, da die Gurke dann entsprechend mehr Flüssigkeit abgibt, eventuell nochmals nachwürzen.

Noch vielfältiger ist das nächste Rezept, diesen Kartoffelsalat esse ich gerne ohne weitere Beilagen als vollwertiges Abendessen.

Bunter Kartoffelsalat

350 g Kartoffeln	wie beschrieben (siehe Seite 25) zubereiten, allerdings eignet sich hier
1 rote Zwiebel	für die Marinade besser, die wir sonst wie im Grundrezept herstellen.
2 Tomaten	achteln, je
1 kleine Gurke	und
1 kleinen roten Rettich	in feine Scheiben schneiden,
½ gelbe Paprika	würfeln, ebenso
100 g Bergkäse.	Alles zu den Kartoffeln geben und gut durchmischen, gegebenenfalls noch Essig und Öl zufügen, nachwürzen und mit
fein geschnittenem Schnittlauch	bestreuen und servieren.

Tipp: Sie können statt Gurke auch Zucchini verwenden und natürlich auch jeden anderen herzhaften Käse.

Schwaben kochen, wenn sie ihren geliebten Kartoffelsalat zubereiten, immer gleich einige Kartoffeln mehr und verwenden die übrig gebliebenen Kartoffeln zu einem ganz speziellen Salat, bei dem ich selbst immer wieder ins Grübeln gerate, welcher Salat mir besser schmeckt.

Chinakohl mit geriebenen Kartoffeln

1 kleine Zwiebel	fein würfeln, in
1 – 2 EL Butter	oder
Öl	anbraten, dann
4 – 5 EL Gemüsebrühe	zugeben und einige Minuten kochen.
3 – 4 gekochte Kartoffeln vom Vortage	schälen und fein reiben. Die Gemüsebrühe über die Kartoffeln geben, mit
2 – 3 EL Obstessig	und
4 – 5 EL Öl	verrühren, mit
Salz,	
Pfeffer,	
Paprika	und
wenig Muskat	würzen.
300 g Chinakohl	in feine Streifen schneiden,
100 g gelbe Rüben	grob raspeln, alles gut durchrühren, etwas nachwürzen, gegebenenfalls auch noch etwas Essig und Öl zugeben, durchziehen lassen und servieren.

Tipp: Im Sommer oder Herbst können Sie statt des Chinakohls auch grob geraspelte Gurke oder Rettich zufügen oder Sie genießen diese Kartoffeln in der Marinade pur.

Aber natürlich gibt es auch Salate mit frischem Gemüse. So der Blaukrautsalat. Sie kennen Blaukraut nicht? Dann vielleicht Rotkohl. Das ist dasselbe und wenn Sie diesen Salat zubereitet haben, dann urteilen Sie selbst, welche Farbbezeichnung die richtige ist.

Blaukrautsalat

2 EL Apfelessig	mit
1 – 2 EL Wasser,	
1 TL Honig,	
Salz,	
Pfeffer	und
gemahlenen Nelken	verrühren, dann
3 – 4 EL Sonnenblumenöl	zugeben und alles gut durchmischen.
250 Blaukraut	vom Strunk befreien und die dicken Blattansätze flach schneiden und fein hobeln oder schneiden. Die Marinade über das Kraut gießen und durchmischen.
2 Äpfel	ungeschält in dünne Scheiben schneiden, zum Kraut geben. Den Salat nochmals kräftig durchmengen und eine Stunde ziehen lassen.

Tipp 1: Wer will, kann noch 50 g Rosinen zufügen.

Tipp 2: Sie können auch aus 125 ml saurer Sahne, Saft einer Zitrone, 1 kleinen fein gehackten Zwiebel, 3 EL Öl, fein gehackter Zitronenmelisse, Petersilie, Salz und Pfeffer eine weiße Marinade herstellen.

Feldsalat schmeckt besonders lecker im Herbst, aber das Waschen und Putzen ist mir manchmal etwas aufwändig, aber es lohnt sich. Dazu noch frische Pilze – ein Gedicht.

Feldsalat mit Pilzen

2 EL Obstessig	mit
2 EL Gemüsebrühe,	
4 EL Öl,	
Salz,	
Pfeffer,	
Paprika	und
gerebeltem,	
getrocknetem Bärlauch	gut verrühren.
200 g Champignons	in schmale Streifen schneiden, in die Salatsoße geben, kurz durchrühren und 10 Minuten durchziehen lassen.
8 – 10 Radieschen	in Scheiben schneiden und zufügen.
200 g Feldsalat	gründlich waschen und unterheben, sofort servieren.

Tipp 1: Statt Radieschen können Sie auch rote oder gelbe Paprika bzw. 1 Tomate hineinschneiden, auch Berg- oder Ziegenkäse runden den Salat ab.

Tipp 2: Interessant ist auch die Variante mit kurz in Öl angebratenen Pilzen.

Möhren, die ich in folgendem Rezept verwende, heißen bei uns »gelbe Rüben«:

Gelbe-Rüben-Sellerie-Salat

3 EL Sonnenblumenöl	mit dem
Saft 1 Zitrone,	
3 EL Joghurt,	
Kräutersalz,	
Pfeffer	und
Paprika	mischen und in eine Schüssel geben.
300 g gelbe Rüben	und
200 g Sellerie	fein raspeln und sofort in die Marinade geben, mit
gehackter, frischer	
Zitronenmelisse	und
3 EL gehackten	
Haselnüssen	bestreut servieren.

Tipp 1: Sie können auch noch einen grob geraspelten Apfel dazugeben.

Tipp 2: Eine interessante Variante ist es, statt Haselnüssen grob gebrochene Walnüsse zu nehmen.

Tipp 3: Statt Sellerie Kohlrabi und statt gelben Rüben rote Bete ergibt eine interessante Variante, auch die Verwendung aller vier Gemüsesorten gemeinsam ergibt einen leckeren Salat.

Aus dem Schwäbischen Allgäu mit seinen sanften Hügeln, den saftigen Weiden und den vielen Kühen kommt der Käsesalat. Bei unseren Wanderungen in dieser Gegend haben wir es besonders genossen, wenn wir an einer kleineren Käserei vorbeikamen und den meist ganz hervorragenden Käse probieren und auch etwas mit nach Hause nehmen konnten.

Käsesalat

3 EL Kräuteressig,	
2 EL Wasser,	
5 EL Sonnenblumenöl,	
1 EL süßer Senf,	
Salz	und
Pfeffer	zu einer Marinade verrühren.
200 g Allgäuer Bergkäse	in schmale Stifte schneiden,
1 Zwiebel	fein hacken,
2 – 3 Gewürzgurken	in Scheiben schneiden,
1 Apfel	ohne Kerngehäuse in dünne Spalten schneiden, alles sofort in die Marinade geben und gut durchmischen, mit
Kresse	bestreut servieren.

Tipp: Es eignen sich alle Hartkäsesorten, statt eines Apfels kann man auch eine Birne nehmen, statt Gewürzgurken auch Senfgurken und statt süßem Senf auch mittelscharfen. Wer will, kann auch noch einige Pilze dazugeben.

Serviervorschlag: Ideal für ein Büffet oder ein Picknick, passt auch zu pikanten Küchle.

Fast eine vollständige Mahlzeit ergibt der folgende Salat, so nahrhaft und abwechslungsreich ist er, testen Sie es ganz einfach an einem schönen Sommerabend. *Broggela* heißen im nichtschwäbischen deutschen Sprachraum übrigens *Erbsen* und werden gerne in Kombination mit gelben Rüben verwendet.

Nudelsalat mit Broggela

150 g Vollkornnudeln (Hörnchen)	in Salzwasser nach Vorschrift kochen.
	Aus
2 – 3 EL Joghurt, Saft einer Zitrone, 2 – 3 EL Sonnenblumenöl, Salz, Pfeffer, Paprika	und
Schnittlauch	eine Salatsoße herstellen,
100 g gelbe Rüben	grob raspeln,
100 g Sellerie	fein raspeln, beides sofort mit der Sauce durchmischen,
150 g frische Erbsen	mit den Nudeln zufügen und nochmal abschmecken.
2 Tomaten	klein würfeln und gemeinsam mit
krauser Petersilie	den Salat garnieren und servieren.

Tipp 1: Man kann auch Mayonnaise als Marinade oder statt Zitrone Apfelessig verwenden, auch Olivenöl ist möglich und mitunter wird noch ein geriebener Apfel zugefügt.

Tipp 2: Versuchen Sie dieses Rezept einmal mit Spätzle statt der Nudeln.

Als kleine, sehr pikante Zwischenmahlzeit oder als Beilage zu Salat und frischem Vollkornbrot kann das nächste Gericht verwendet werden. Gerne haben Arbeiter auf dem Feld oder dem Bau dieses als Vesper gegessen.

Angemachter Käse

200 g reifen, weichen Romadur	grob zerdrücken, mit
60 g weicher Butter,	
200 g Speisequark	und
1 fein gehackten Zwiebel	mit der Gabel gut vermischen, mit
Kümmel	und
Paprika	würzen, mit
klein geschnittenem Schnittlauch	bestreut servieren.

Tipp 1: 1 – 2 durchgepresste Knoblauchzehen geben dem Käse noch einen besonderen Reiz.

Tipp 2: Schmeckt auch mit weichem Camembert.

Spätzle & Co

Ein Schwabe ohne Spätzle, das wäre wie Fische ohne Wasser oder die Schweiz ohne Berge, also schlechterdings undenkbar. Und am liebsten isst er sie jeden Tag. Dass dies trotzdem nicht langweilig ist, werden Sie im Folgenden selbst feststellen können. Die klassische Zubereitungsart, in der der Teig mit einem Messer vom Brett ins heiße Wasser geschabt wird, beherrschen auch im Schwabenländle nur noch die wenigsten, aber mit dem Spätzleshobel oder auch einigen neueren Spätzlespressen lassen sich ähnliche Formen gestalten und damit der gleiche Geschmack erzielen.

Beginnen wir mit dem Grundrezept aus Weizen, aber Sie können die Spätzle natürlich auch aus Dinkel oder – wenn es besonders herzhaft sein soll – auch aus Roggen zubereiten oder die Getreidesorten mischen.

Spätzle aus Vollkorn

400 g Weizen	fein mahlen, mit
Kräutersalz	und
Muskat	würzen und mit
4 Eiern	und
knapp ¼ l Wasser	verrühren. Den Teig kräftig schlagen, bis er Blasen bildet. Kochen Sie
gut 2 l Salzwasser	auf und hobeln Sie den Teig mit einem Spätzleshobel ins Salzwasser. Ab und zu umrühren, nochmals aufkochen, mit einem Schaumlöffel herausnehmen und mit kaltem Wasser abschrecken. In eine angewärmte Schüssel geben und
etwas Butter	zugeben. Kurz in der Schüssel die Spätzle lockern, dann können Sie die Spätzle servieren.

Serviervorschlag: Mit Kartoffelsalat, dunkler Soße und Küchle oder zum Linseneintopf, sie gehören auch in den Gaisburger Marsch.

Die schwäbische Küche hat ihre besonderen Schätze, die Kässpätzle sind einer davon. Allerdings sind Kässpätzle nicht gleich Kässpätzle, denn von Region zu Region werden sie etwas anders zubereitet und daher stelle ich Ihnen zwei Varianten vor. Für das erste Rezept wähle ich die herzhafteren Roggenspätzle.

Roggen-Kässpätzle

Spätzle	nach Grundrezept (siehe voriges Rezept) zubereiten, allerdings verwenden wir statt Weizen Roggen.
1 kleine Zwiebel	fein würfeln und in
Butter	leicht anbraten und mit ganz wenig
Wasser	einige Minuten dünsten.
150 g Emmentalerkäse	grob reiben. In einer Pfanne
1 – 2 EL Butter	erhitzen, die Spätzle zugeben, und unter zeitweiligem Rühren erhitzen, dann den Käse darüber streuen und die Pfanne abdecken, damit der Käse schneller verläuft. Nach Bedarf mit
Salz, Pfeffer	und
Paprika	würzen.
	Leicht durchrühren und mit den Zwiebeln bestreut servieren. Wer will, kann auch noch Schnittlauch zufügen.

Tipp: Nicht ganz so klassisch, aber sehr interessant ist es, wenn man einen würzigen anderen Käse verwendet, vielleicht einen Appenzeller oder auch Ziegenkäse.

Serviervorschlag: Dazu schmeckt eigentlich jeder Salat, so zum Beispiel Kopfsalat oder auch geriebener Kartoffelsalat, den ziehe ich eigentlich vor.

Hier also das zweite Rezept für Käsespätzle:

Spätzle in Käsesahne

Dinkelspätzle	nach Grundrezept (siehe Seite 36) mit Dinkel vorbereiten.
200 g Bergkäse	grob raspeln,
100 g Sahne	erhitzen, den geraspelten Käse zufügen und 1 – 2 Minuten köcheln lassen, bis der Käse zu verlaufen beginnt, nach Bedarf mit
Salz,	
Pfeffer	und
etwas Senf	würzen.
50 g Butter	in einer Pfanne zerlassen,
1 kleine Zwiebel	sehr fein schneiden und zur Butter geben, kurz anbraten, dann die Spätzle zufügen und einige Male wenden. Die Käsesahne über die Spätzle geben und einige Minuten bei schwacher Hitze – eventuell zugedeckt – erhitzen und mit
klein geschnittenem Schnittlauch	bestreut servieren.

Tipp: Sie können das Ganze auch einige Minuten bei 180 °C in der Auflaufform im Ofen backen.

Spätzle und Soße gehören fast immer zusammen, daher noch ein Gericht mit einer ganz individuellen Soße, die sich auch für andere Nudeln gut eignet.

Spätzle in Salbeisoße

300 g Spätzle	nach Grundrezept (siehe Seite 36) zubereiten.
500 ml Gemüsebrühe	aufkochen,
50 g Dinkelmehl	klumpenfrei einrühren, nochmals aufkochen und einige Minuten quellen lassen, dann
1 EL Butter,	
2 – 3 EL saure Sahne	und
2 EL gehackte Salbeiblätter	einrühren, noch einige Minuten warm halten, aber nicht mehr kochen. Die Soße über die Spätzle gießen und mit
kleinen Salatblättern	garnieren.

Serviervorschlag: Dazu passen besonders gut gefüllte Champignons (siehe Seite 77).

Einfach und schnell zubereitet sind die angebratenen Spätzle, wenn man in kluger Voraussicht am Vortag mehr Spätzle zubereitet hat. Zusammen mit Salat geben sie ein besonders leckeres Abendessen.

Gröschdete Spätzle

1 kleine rote Zwiebel	fein schneiden und in
50 g Butter	kurz anbraten,
500 g Spätzle (siehe Seite 36)	in die Pfanne geben und kurz in der Butter verrühren.
2 Eier	gut verquirlen, mit
1 TL körniger Gemüsebrühe, Salz, Pfeffer, Paprika	und
Majoran	würzen und über die Spätzle gießen. Unter zeitweiligem Rühren einige Minuten braten lassen. Mit
viel Schnittlauch	bestreut sofort servieren.

Tipp: Ich füge hier mitunter noch geraspelten oder geriebenen Käse dazu oder verfeinere die verrührten Eier mit einem Esslöffel Sahne.

Besonders an Wintertagen, an denen sich klirrende Kälte über dem Schnee hält, sind die Krautspätzle ein beliebtes Gericht, das auch schnell zubereitet ist, wenn man noch vom Vortag Spätzle übrig hat.

Krautspätzle

1 kleine rote Zwiebel	nicht zu fein hacken, in
1 – 2 EL Butter	kurz anbraten.
300 g Sauerkraut	etwas klein schneiden und unter Rühren erhitzen. Dann die nach dem Grundrezept (siehe Seite 36) zubereiteten, abgekühlten
Spätzle	zugeben, leicht anbraten, mit
Pfeffer	und
Kümmel	würzen und heiß servieren.

Tipp 1: Sie können die Zwiebel auch in einem separaten Topf oder in einer Pfanne andünsten und zum Schluss über die Krautspätzle geben.

Tipp 2: Schneiden Sie einige Weißkrautblätter in schmale Streifen, geben sie zu der Zwiebel und dünsten Sie diese in wenig Gemüsebrühe einige Minuten. Dann die Spätzle dazugeben.

Spätzle eignen sich nicht nur für herzhafte Gerichte, sondern schmecken auch mit Obst, also süß.

Apfelspatzen

2 – 3 EL Butter oder Öl	in einer Pfanne erhitzen,
1 – 2 EL Honig	zufügen,
3 – 4 Äpfel	mit der Schale grob raspeln und mit
1 EL Zitronensaft	beträufeln. In der Pfanne kurz anbraten, dann
500 g Dinkelspätzle	zu den Apfelraspeln geben und alles unter Rühren gut erhitzen, mit
Zimt	und
Vanille	kräftig würzen und sofort servieren.

Tipp 1: Geben Sie noch 50 g Rosinen zu der Honig-Butter-Mischung oder braten Sie einige gehackte Hasel- oder Walnüsse mit an oder noch besser beides. Ich selbst füge als Gewürz gerne noch Ingwer zu.

Tipp 2: Neben Äpfeln eignen sich auch geraspelte Birnen, exotisch wird es mit Bananen oder Mango.

Serviervorschlag: Als kleines Mittagessen nach einer Suppe, wer will, kann auch noch etwas geschlagene Sahne dazugeben oder Früchtequark.

Ein Rezept für alle, denen es zu aufwändig ist, Spätzle selbst zu machen und die auf gekaufte Vollkornnudeln zurückgreifen, aber nicht auf einen besonderen Genuss verzichten wollen.

Kürbis-Käse-Vollkornnudeln

500 g Vollkornnudeln	in
1 l Salzwasser	nach Vorschrift kochen,
5 cm Lauchstange	sehr fein schneiden,
250 g Kürbis	grob raspeln und mit dem Lauch in
Öl oder Butter	kurz anbraten, dann in
2 EL Gemüsebrühe oder Apfelsaft	4 – 5 Minuten dünsten. Ein Drittel des Kürbis pürieren.
80 – 100 g Sahne	mit dem pürierten und dem geraspelten Kürbis mischen,
150 g Bergkäse	grob raspeln, ungefähr zwei Drittel davon mit
1 – 2 EL Parmesan	zur Kürbissahne geben und gut unterrühren, mit
Salz, Pfeffer	und
Paprika	kräftig würzen, zuletzt die Nudeln unterrühren. Eine Auflaufform mit
Butter	einfetten, die Nudelmischung einfüllen, den restlichen Käse darüber streuen und im Ofen bei 180 °C etwa 10 – 15 Minuten backen und mit
Schnittlauch	bestreut servieren.

Tipp: Sie können auch jeden anderen würzigen Käse verwenden, zum Beispiel Roquefort oder Gorgonzola.

Wenn es mal schnell gehen muss, dann ist das folgende Rezept gut geeignet, als Variante kann man es auch als Auflauf zubereiten.

Nudel-Pilz-Topf

400 g Vollkornnudeln (Hörnchen)	nach Packungsanweisung gar kochen,
300 g Champignons	putzen und halbieren oder vierteln.
1 Zwiebel	und
1 Knoblauchzehe	fein schneiden,
etwas Petersilie	hacken. Alles in
50 g Butter	erhitzen und etwas andünsten. Die Pilze dazugeben und 5 – 10 Minuten köcheln lassen.
1 Tomate	häuten und dazugeben. Mit
gut ¼ l Gemüsebrühe	auffüllen, dann die Nudeln unterrühren.
2 – 3 EL saure Sahne oder Joghurt	unterrühren und mit
Salz, Pfeffer, Muskat, Paprika	und
Majoran	kräftig würzen, warm servieren.

Tipp: Als Auflauf die Hälfte der Nudeln in eine Form geben, mit etwas geriebenem Käse bestreuen, dann die Pilze und mit den Nudeln abschließen. 3 – 4 Eier mit der Gemüsebrühe mischen, gut würzen und über den Auflauf gießen, mit 30 g Weckmehl und 100 g geriebenen Käse bestreuen und bei 200 °C 40 – 45 Minuten backen.

Variationen über Maultaschen

Maultaschen sind neben den Spätzle die herausragende schwäbische Nationalspeise. Entstanden sein soll das Gericht in früheren Zeiten, als der Freitag von Katholiken noch als fleischloser Wochentag ernst genommen wurde, doch Schwaben sind keine Fischesser und so überlegten sie, wie man den Klerus überlisten könnte. So wurde die Maultaschen geboren, da hier das Fleisch im Teig versteckt war. Das sind längst vergangene Zeiten, und auch vegetarisch bieten die Maultaschen fast unendliche Variationsmöglichkeiten, die ein eigenes Kapital erfordern.

Maultaschen schmecken immer – ganz gleich ob in der Brühe, geschmälzt oder mit Ei gebraten –, nur vor den »kalten Maultaschen« sollten Sie sich hüten, denn das bedeutet auf hochdeutsch »Ohrfeigen«. Die Füllung und die Größe können kreativ verändert werden, Ähnliches gilt für den Teig. Und wenn ich noch die Verwandten aus der italienischen und russischen Küche betrachte, ist die Vielfalt groß, doch beschränken wir uns zunächst auf das Wesentliche.

Vegetarische Maultaschen ...

... in der Brühe

250 g Weizen	fein mahlen, mit
2 Eiern,	
Salz	und
4 EL Wasser	zu einem geschmeidigen, nicht klebenden Teig kneten, eventuell noch etwas Wasser zugeben.
200 g Grünkern	mittelgrob schroten, in
600 ml brauner	
Gemüsebrühe	einrühren, kurz aufkochen und auf der ausgeschalteten Platte 20 – 30 Minuten quellen lassen.
1 Zwiebel	sehr fein schneiden, in
1 EL Butter	anbraten,
50 g Haselnüsse	fein reiben, kurz mit der Zwiebel braten.
1 Vollkornbrötchen	in Wasser etwa 10 – 15 Minuten einweichen und dann ausdrücken und alles mit

30 g Parmesan	zum Grünkernschrot geben, mit
Kräutersalz,	
Pfeffer	und
Muskat	pikant würzen. Teig dünn ausrollen, Quadrate etwa 10 ×10 cm schneiden, Füllung in die Mitte setzen und von einer Seite her zusammenklappen. Die offenen Seiten mit einer Gabel fest zusammendrücken. Maultaschen in
köchelnder Gemüsebrühe	10 – 15 Minuten ziehen lassen und dann in der Gemüsebrühe servieren.

... geschmälzt

Maultaschen	wie im vorigen Rezept beschrieben zubereiten.
½ Zwiebel	sehr fein schneiden, mit
2 – 3 EL Vollkornbrösel	in
1 EL Butter	anbraten, dann noch
2 EL Butter	zugeben. Wenn die Butter auch flüssig ist, über die noch heißen Maultaschen gießen und mit Salat servieren.

Und nun zu meinem absoluten Lieblingsmaultaschenrezept, das eigentlich zur Resteverwertung gedacht ist. Doch ich warte damit meist nicht einen Tag.

... in Ei gebraten

Maultaschen	wie beschrieben (siehe Seite 46) zubereiten und gegebenenfalls abkühlen lassen, vielleicht auch erst am nächsten Tag die weitere Zubereitung in Angriff nehmen. Maultaschen in 1 cm breite Streifen schneiden,
1 – 2 EL Öl	in der Pfanne erhitzen, Maultaschenstreifen in die Pfanne geben und unter Wenden allseitig anbraten,
2 Eier	mit
Salz,	
Pfeffer	und
Paprika	gut verrühren, über die Maultaschenstreifen gießen und stocken lassen, eventuell in der Pfanne noch auf der anderen Seite anbraten, mit
klein geschnittenem Schnittlauch	servieren.

Serviervorschlag: Dazu passt am besten Kartoffelsalat.

... mit Spinatfüllung:

200 g Spinat ohne Stiele in wenig Wasser andünsten, bis er zusammenfällt, dann zu Grünkern, eingeweichtem Brötchen und Zwiebeln geben.

... mit bunter Gemüsefüllung:

100 g Gemüse wie gelbe Rüben, Brokkoli, Kohlrabi usw. sehr klein schneiden, in Öl kurz anbraten und in Gemüsebrühe einige Minuten dünsten und zu der Masse – mit oder ohne Nüsse – geben.

... mit Käsefüllung:

100 g geriebenen Käse zufügen, passt zu jeder der vorgenannten Füllungen.

... mit Roggenfüllung:

Nehmen Sie statt Grünkern mal Roggen oder eine Getreidemischung.

Die bisherigen Füllungen basierten überwiegend auf Getreide, doch genauso gut schmeckt es mit einer reinen Gemüsefüllung.

Gemüse-Maultaschen

	Teig, diesmal aus
125 g Weizen	und
125 g Roggen	wie beschrieben (siehe Seite 46) herstellen,
1 Gemüsezwiebel	fein würfeln, in
2 EL Öl	anbraten.
200 g Kohlrabi	und
200 g Kürbis	grob raspeln und mit
200 g Erbsen	zu der Zwiebel geben, unter Rühren kurz mitbraten.
200 ml Gemüsebrühe	zugeben und knapp 10 Minuten dünsten, mit
Salz,	
Pfeffer,	
Paprika,	
Muskat	sowie
1 TL getrocknetem	
Bärlauch	kräftig würzen, die überschüssige Gemüsebrühe abgießen und beiseite stellen. Den Teig auswellen, in 10 cm große Quadrate schneiden, jeweils 1 – 2 EL Gemüse in die Mitte geben und wie beschrieben in der Gemüsebrühe kochen.

Tipp: Sie können auch sehr kleine Blumen- oder Brokkoliröschen verwenden oder im Herbst und Winter auch klein geschnittenen Kohl zugeben.

Manchmal ist es nicht ganz einfach, Schwaben von neuen Rezepten zu überzeugen, denn

Was dr Baur ned kennd, des (fr)issd er ned.

Doch andrerseits ist der Schwabe auch weltoffen und schätzt Erfindungsgeist und so kann man auch seine Leibspeise mit einem internationalen Touch versehen, wie die beiden folgenden Rezepte mit Anleihen bei den russischen und italienischen Verwandten der Maultaschen zeigen.

Kartoffel-Pilz-Maultaschen

Teig	wie zuvor (siehe Seite 46) beschrieben zubereiten,
500 g Kartoffeln	in
Salzwasser	20 – 25 Minuten weich kochen, dann schälen und durch die Kartoffelpresse drücken.
1 kleine Zwiebel	fein schneiden, in
Öl	anbraten,
250 g Champignons	sehr klein schneiden und einige Minuten mit den Zwiebeln braten. Unter die Kartoffeln mischen und als Füllung verwenden. Den Teig wie üblich auswellen, allerdings die Quadrate etwas kleiner abstechen, 7 – 8 cm groß. Die Füllung in die Mitte setzen, die Seiten umschlagen und die Enden mit der Gabel festdrücken und in
Salzwasser oder Gemüsebrühe	kochen.

Serviervorschlag: Dazu können Sie noch gebratene Pilze und Schmand oder Sauerrahm servieren.

Seit Italien als Reiseland beliebt ist und seit es unzählige italienische Restaurants bei uns gibt, haben die Schwaben auch interessante italienische Rezepte mit in die Küche aufgenommen, so zum Beispiel:

Käse-Maultaschen

500 g Dinkel	fein mahlen und in eine Schüssel geben, in die Mitte eine Mulde drücken,
5 Eier, 2 EL Olivenöl Salz	 und hineingeben, mit einer Gabel nach und nach das Mehl einrühren und zu einem Teig mischen. Dann auf der bemehlten Arbeitsfläche kräftig kneten, bis der Teig glatt ist und in einer Schüssel mit einem feuchten Tuch bedeckt 60 Minuten ruhen lassen. In der Zwischenzeit
500 g Ricotta, 100 g Gorgonzola 100 g Quark 100 g Sahne	 mit und zu einer einheitlichen Masse verarbeiten, eventuell noch mit
Salz, Pfeffer Paprika	 und würzen. Teig halbieren. Die Hälfte des Teigs auf der bemehlten Arbeitsplatte hauchdünn (etwa 1 mm) ausrollen. Im Abstand von 4 cm kleine Käsehäufchen auf den Teig setzen.

Die zweite Teighälfte ebenfalls ausrollen und darüber legen.
Mit einem gezackten Teigrädchen 4 cm große Quadrate ausschneiden, die Ränder gut zusammenpressen.

Gemüsebrühe in einem großen Topf aufkochen.
Die kleinen Maultaschen hineingeben und 10 Minuten ziehen lassen.
Mit dem Schaumlöffel herausnehmen, abtropfen lassen und servieren.

Serviervorschlag: Mit Tomatensoße und/oder gekochtem Blattspinat reichen.

Die mehr oder weniger hellen Maultaschen sehen auf dem Teller manchmal ein wenig langweilig aus, sehr viel attraktiver wirken die folgenden Maultaschen, obwohl Puristen sie eher ablehnen, vielleicht auch, weil die Farbkomposition zumindest politisch im Ländle nicht gerade erfolgreich ist.

Rotgrüne Maultaschen

100 g Rote Bete	klein würfeln, in
100 ml Gemüsebrühe	weich kochen und anschließend mit möglichst wenig Gemüsebrühe pürieren.
250 g Weizen	fein mahlen, mit
2 Eiern	und
Vollmeersalz	und dem Püree von roten Beten zu einem geschmeidigen, nicht klebenden Teig kneten, eventuell noch
etwas Wasser	oder
Mehl	zugeben.
1 Zwiebel	fein schneiden und in
wenig Öl	anbraten.
1,5 kg Spinat	waschen und die Stiele entfernen, mit sehr wenig
Wasser	oder
Gemüsebrühe	erhitzen und so lange köcheln lassen, bis der Spinat in sich zusammenfällt, mit
1 EL körniger Gemüsebrühe,	
Salz,	
Pfeffer,	
Basilikum	und

Paprika	kräftig würzen und mit den Zwiebeln mischen.
	Den Teig dünn ausrollen, Quadrate von 10 × 10 cm ausschneiden, Spinatmasse in die Mitte geben, von einer Seite her zusammenklappen, die losen Enden mit der Gabel festdrücken und in kochendes
Salzwasser	oder
Gemüsebrühe	geben und bei schwacher Hitze 10 – 15 Minuten ziehen lassen. Nach Wunsch servieren.

Tipp: Weniger Arbeit – denn Spinat vorbereiten empfinde ich immer als sehr zeitraubende und mühselige Arbeit – macht die umgekehrte Variante mit 200 g Spinat für den Teig und 600 g Rote Bete für die Füllung.

Bei der Vorliebe der Schwaben fürs Süße kommt die folgende, wiederum der russischen Küche entlehnte Variante ihrem Geschmack besonders entgegen.

Obst-Maultaschen

Teig	wie beschrieben (siehe Seite 46) zubereiten, wer will, kann noch
1 EL Honig	dazugeben und dafür etwas weniger Wasser.
500 g Äpfel wenig Wasser	schälen und klein schneiden, in kurz andünsten und in Stücken oder püriert mit
50 g Rosinen 50 g gehackten Haselnüssen	und zu der Füllung vermischen, dann wie beschrieben (siehe Seite 46) zubereiten.

Tipp: Sie können auch anderes Obst verwenden wie Birnen, Pfirsich, Aprikose usw.

Serviervorschlag: Dazu passt Schmand oder Sauerrahm und wenn sie dem Ganzen noch das Tüpfelchen auf dem »i« verpassen wollen, stellen Sie noch ein Schälchen Gsälz dazu. Nicht-Schwaben können auch Marmelade verwenden.

Aufläufe und Gratins

Schwaben haben ihre ganz eigenen Zeitansagen, die außerhalb Schwabens und vor allem nördlich des Mains die meisten Menschen vor fast unlösbare Probleme stellt. Denn logisch, wie wir eben sind, heißt bei uns 11:15 Uhr »vierdel zwelfe« und 11:45 heißt »dreivierdel zwelfe« und ist viel kürzer und prägnanter als »Viertel nach Elf« oder »Viertel vor Zwölf«.

Bärlauch ist eine Pflanze, die man in unseren Wäldern schon von weitem riecht, noch bevor man sie als weißes Blütenmeer dann sieht. Ein durchaus angenehmer Duft nach Knoblauch umweht die meist großflächig wachsenden Pflanzen. Mit am eindrucksvollsten kann man sie außerhalbs Schwabens im Park von Putbus auf Rügen erleben.

Die Blätter eignen sich kurz vor der Blüte hervorragend zum Kochen und Backen oder auch frisch in den Salat.

Kartoffel-Quark-Auflauf mit Bärlauch

750 g Speisekartoffeln	in
1,5 l Salzwasser	gut 20 Minuten kochen, mit kaltem Wasser abschrecken, etwas abkühlen lassen und schälen. Eine flache Auflaufform mit
Butter	einfetten, die Kartoffeln in nicht zu dicke Scheiben schneiden, zwei Drittel davon in die Form geben, leicht mit
Salz	und
frisch gemahlenem Pfeffer	bestreuen.
1 Zwiebel	sehr fein schneiden, in
1 – 2 EL Butter	kurz anbraten,
3 – 4 Bärlauchblätter	in kurze feine Streifen schneiden, kurz mitanbraten.
500 g Quark	mit
100 ml Milch	mischen, mit
Salz,	
Pfeffer,	
Paprika,	
Ingwer	und

Curry	kräftig würzen,
1 EL Gemüsebrühe	und
2 Eier	unterrühren, ebenso die Zwiebel und den Bärlauch. Die Hälfte der Quarkmasse über die Kartoffeln geben, dann die restlichen Kartoffeln darüber schichten und mit Quark bedecken.
1 EL Butter	als Flöckchen auf den Auflauf geben.
1 – 2 EL geriebenen Käse	mit
1 EL Vollkornbrösel	und
etwas Gemüsebrühe	mischen und über den Auflauf streuen. Dann im Backofen bei 200 °C 30 – 40 Minuten backen. Aus dem Ofen nehmen und servieren, mit
kleinen Bärlauchblättern	garnieren.

Tipp: Statt frischem Bärlauch können Sie auch Lauch nehmen und getrockneten und gerebelten Bärlauch zum Würzen benutzen.

Sauerkraut liebe ich in fast allen Variationen, doch bei zwei Rezepten bin ich immer im Zweifel, welches mir besser schmeckt, das erste, das ich zu Hause an Heiligabend (siehe Seite 72) genieße oder das folgende, das meine Kusine uns immer an Neujahr serviert.

Sauerkrautgratin

500 g Vollkorn-Bandnudeln	nach Vorschrift garen,
1 Zwiebel	fein hacken,
1 Knoblauchzehe	durchpressen, beides in
1 – 2 EL Butter	anbraten.
500 g Sauerkraut	etwas klein schneiden und kurz mitdünsten.
200 g Bergkäse	reiben.
	Eine Auflaufform mit Butter einfetten, zunächst eine Schicht Sauerkraut einfüllen, dann eine Schicht Nudeln, diese mit Käse bestreuen und das Ganze wiederholen.
	Zum Schluss noch
150 ml saure Sahne	langsam darüber gießen und bei 200 °C etwa 30 Minuten backen und heiß servieren.

Aus dem schwäbischen Bereich des Allgäus stammt dieses Rezept, wobei es Schwaben ja nicht nur in Württemberg, sondern auch im angrenzenden Bayern gibt. Die Bayern haben dann auch den Begriff »Schwaben« als Regierungsbezirk rings um Augsburg politisch definiert.

Käse-Pilz-Auflauf

100 g Dinkel	und
100 g Roggen	fein mahlen.
250 ml Wasser	mit
60 g Butter	aufkochen und mit
Salz, Pfeffer	und
edelsüßem Paprika	kräftig würzen.
	Mehl mit
1 TL Backpulver	mischen und unter Rühren ins kochende Wasser geben, zu einem Kloß abkochen. Nach und nach
4 – 5 Eier	einrühren.
3 Tomaten	kurz in kochendes Wasser geben und häuten, in kleine Würfel schneiden.
200 g Steinpilze	in Scheiben schneiden und in
etwas Butter	einige Minuten andämpfen.
200 – 250 g Emmentaler	fein reiben. Pilze, Tomaten und Käse in den Kloß einarbeiten und alles in eine gefettete Auflaufform füllen.
Einige Butterflöckchen	über die Masse geben und bei 180 °C etwa eine Stunde backen, gegebenenfalls in den letzten Minuten den Auflauf abdecken und warm servieren.

Serviervorschlag: Mit würziger Kräuterrahm- oder Tomatensoße sowie Salat servieren.

Zu allen Aufläufen, zu gedünstetem Gemüse, Gemüsekuchen, aber auch zu Küchle, Spätzle und Kartoffelsalat passt diese Soße.

Würzige Kräuterrahmsoße

50 g Weizen	fein mahlen, in einem Topf unter Rühren ohne Fett kurz anrösten,
1 kleine Zwiebel	sehr fein hacken, in
40 g Butter	kurz anbraten, das Mehl dazugeben, etwas umrühren und unter ständigem Rühren
½ l Gemüsebrühe	zugießen.
1 Lorbeerblatt	zufügen, 2 – 3 Minuten kochen und dann 10 Minuten quellen lassen,
4 – 5 EL Sahne	unterziehen, ebenso
1 Bund gehackte Kräuter	mit
Salz	und
Pfeffer	abschmecken.

Tipp 1: Sie können auch Sauerrahm nehmen und mit einem Spritzer Zitronensaft würzen, auch Worcestersauce passt dazu.

Tipp 2: Rühren Sie noch 80 – 100 g geriebenen Käse unter.

Eine schwere Entscheidung: Soll ich das folgende Rezept, dessen Hauptbestandteil Spätzle sind, in das Spätzlekapitel setzen oder weil es ein Auflauf ist, in dieses Kapitel? Nun, Sie sehen, ich habe mich entschieden.

Gelbe-Rüben-Spätzle-Auflauf

Spätzle	wie im Grundrezept (siehe Seite 36) aus 350 g Vollkorndinkelmehl mit 3 Eiern herstellen.
5 cm Lauch	in feine Streifen schneiden, in
1 – 2 EL Erdnussöl	kurz anbraten,
300 g gelbe Rüben	grob raspeln, kurz mitbraten, dann
4 – 5 EL Gemüsebrühe	zufügen und das Gemüse gut dünsten. Kräftig mit
Kräutersalz, Pfeffer	und
Liebstöckel	würzen.
150 g Bergkäse	grob reiben, mit den Spätzle und dem Gemüse mischen, in eine gefettete Auflaufform füllen.
3 Eier	mit
50 ml Sahne, Kräutersalz	und
Paprika	verquirlen, über die Spätzlemasse gießen,
100 g Bergkäse	in Scheiben schneiden und den Auflauf damit belegen. Im Backofen bei 180 °C 40 – 45 Minuten backen und warm servieren.

Tipp: Sie können die gelben Rüben in Scheiben schneiden, dann vielleicht einige Minuten länger dünsten, auch Zucchini oder Kürbis eignen sich gut. Sie können Parmesan oder einen anderen Käse nehmen und statt Lauch auch Zwiebel.

Hauptgerichte

Der Schwabe ist von Hause aus bescheiden und kennt seine Grenzen genau, wie der folgende Spruch nachdrücklich unterstreicht.

Mir Schwoba kennet älles, außer Hochdeutsch.

Wobei *kennet* nicht kennen, sondern *können* bedeutet. Wenn Sie sehr aufmerksam lesen, werden Sie dies vielleicht an einigen Formulierungen auch hier merken, falls nicht ein nichtschwäbischer Lektor alle in grammatikalischen Fällen enthaltenen Fallen erkannt und ausgebessert hat. Meine Lektoren können ein Lied davon singen.

Schwäbische Gerichte zeichnen sich meist durch einfache Zubereitung und eine überschaubare Anzahl von Zutaten aus und schmecken vielleicht gerade deshalb immer besonders gut.

Saure Kartoffelrädle

1 kg Kartoffeln	in gut 20 – 25 Minuten weich kochen und in Scheiben schneiden.
1 Zwiebel	fein hacken,
30 g Öl	erhitzen,
50 g Weizen	fein mahlen. Mit dem Öl und den Zwiebeln kurz anbraten und eine so genannte Einbrenne herstellen. Dann unter ständigem Rühren
¾ l Gemüsebrühe,	
2 EL Obstessig,	
Salz	sowie
1 Nelke,	
2 Lorbeerblätter	und
Liebstöckel	zugeben und einige Minuten durchkochen, dann die Kartoffeln beifügen, erhitzen und kurz kochen lassen, vor dem Servieren noch
½ – 1 EL Obstessig	zufügen.

Serviervorschlag: Bratlinge, gebratene Selleriescheiben oder angebratene Hefeknöpflescheiben (siehe Seite 94) passen sehr gut dazu.

Süß oder pikant, beides ist möglich bei der Kartoffelkratzete, einer Art Schmarren. Beides mal mit Buchweizen zubereitet, wobei man den intensiven Geschmack des Buchweizen lieben muss, sonst sollte man lieber auf Getreidearten wie Weizen, Dinkel oder Roggen zurückgreifen. Die süße Variante finden Sie auf Seite 109.

Pikante Kartoffelkratzete

400 g Kartoffeln	kochen, schälen und erkalten lassen. Auf einer Reibe grob reiben.
60 – 80 g Buchweizen	fein mahlen. Die Kartoffeln und das Mehl mit
2 Eiern	und
30 ml Sahne	zu einer sämigen Masse verarbeiten, mit
Salz, Pfeffer, Muskat	und
Thymian	kräftig würzen.
1 Zwiebel	und
1 Knoblauchzehe	fein hacken und in einer Pfanne in
50 g Butter	anbraten, dann mit einem Schöpflöffel den Teig gut 1 cm dick in die Pfanne geben und ausbacken, nach einigen Minuten wenden, wenn dabei die Kratzete bricht, spielt das keine Rolle, denn sie wird sowieso in Stücke gerissen und zu Salat serviert. Man kann die Kratzete noch mit
fein gehacktem Schnittlauch	bestreut servieren.

Tipp: Ich backe immer nur kleinere Fladen, die sich als Ganzes problemlos wenden lassen.

Flädle werden auch Pfannkuchen genannt, im Gegensatz zum Norden ist damit aber kein Kleingebäck gemeint, sondern dünn in der Pfanne ausgebackene Eierpfannkuchen.

Vollkornflädle

250 g Weizen	fein mahlen, mit
2 Eiern, 350 ml Milch, 200 ml Mineralwasser (mit wenig Kohlensäure), Salz, Muskat	und
Vanille	gut verrühren, 10 – 15 Minuten quellen lassen, gegebenenfalls noch
etwas Milch	zugeben. In einer Pfanne
Erdnussöl	erhitzen und dünne Pfannkuchen ausbacken. Im Backofen warm stellen, bis alle fertig sind.

Tipp 1: Sie können auch vier Eier nehmen und dafür auf das Mineralwasser verzichten.

Tipp 2: Sie können auch einen Teil der Flüssigkeit durch etwas Saft ersetzen, am besten eignet sich hierfür Apfel oder weißer Traubensaft.

Tipp 3: Sollten ein oder zwei Pfannkuchen übrig bleiben, machen Sie doch am anderen Tag eine pikante Flädlesuppe (siehe Seite 14).

Serviervorschlag: Pikant schmecken sie mit Kräuterquark oder zu Blattsalaten, man kann sie auch kurz vor dem Servieren mit gehobeltem Käse bestreuen und dann einrollen.

Süß schmecken sie mit Apfelmus, Früchtequark oder einem eingekochten oder frischen Gsälz.

Im folgenden Rezept werden fast die gleichen Zutaten wie beim vorigen verwendet, bis auf einen Unterschied ist es auch die gleiche Zubereitung. Aber welch ein Unterschied im Geschmack! Der Eierhaber hat große Ähnlichkeit mit dem Kaiserschmarrn, doch wird er ohne Rosinen neutral zubereitet, denn vielfach genießen wir Schwaben ihn auch zum Salat.

Eierhaber

250 g Weizen	fein mahlen,
3 Eier	trennen, die Eigelbe mit dem Mehl und
375 ml Milch,	
Salz	und
Muskat	gut verrühren, die Eiweiße sehr steif schlagen und vorsichtig unterheben.
Erdnussöl	in der Pfanne erhitzen, einen Schöpflöffel Teig in die Pfanne geben und langsam ausbacken, nach einigen Minuten wenden und fertig backen. Warm stellen, bis alle Eierhaber gebacken sind und warm servieren.

Tipp: Mit zwei Pfannen geht es schneller, ich selber verwende fast immer eine Eisenpfanne für die Flädle und den Eierhaber.

Serviervorschlag: Pikant mit grünem oder gemischtem Salat, süß mit Apfel- oder Zwetschgenmus oder auch mit Gsälz.

Aus dem Hohenloher Gebiet und damit vom Rande Schwabens stammt das folgende Rezept.

Eierplotz

4 Eier	mit
250 ml Milch	gut verrühren, mit
Salz,	
Pfeffer	und
Paprika	würzen.
½ Bund Schnittlauch	in kleine Röllchen schneiden und untermischen.
200 g altbackenes Vollkornbrot	in Würfel schneiden, mit der Eiermilch übergießen, 15 – 20 Minuten stehen lassen, damit die Flüssigkeit von den Brotwürfeln aufgesogen wird.
2 EL Butter	in einer Pfanne erhitzen, die Masse hineingeben, gut andrücken und etwa 5 Minuten backen. Dann ein Brettchen auf die Pfanne legen, den Eierplotz wenden und auch von der anderen Seite 5 Minuten backen.

Tipp: Sie können auch altbackene Wecken statt Brot nehmen, noch pikanter wird es, wenn Sie eine Laugenbrezel mit einweichen.

Heiligabend gibt es bei vielen Schwaben, so auch bei uns, traditionell immer ein einfaches Essen, das man gut vorbereiten und dann schnell zubereiten kann und das ist bis heute so geblieben. Seit wir uns vegetarisch ernähren, gibt es bei uns immer

Überbackene Bubaspitzle

750 g Kartoffeln	in der Schale in
1,5 l Salzwasser	in 20 – 25 Minuten weich kochen, das Wasser abgießen und die Kartoffeln abkühlen lassen. Am nächsten Tag durch die Kartoffelpresse drücken.
250 g Weizen	fein mahlen und mit der Kartoffelmasse vermengen, mit
Salz, Muskat	würzen und mit
1 Ei	zu einem festen Teig kneten. Auf einer bemehlten Fläche fingerdicke und -lange Rollen formen. Die Bubaspitzle in leicht siedendes
Salzwasser	geben, wenn sie oben schwimmen, herausnehmen und abtropfen lassen. In einer Pfanne
20 – 30 g Butter oder Öl	erhitzen, die Bubaspitzle hineingeben und ringsum leicht anbraten, dann
150 g Bergkäse	in dünne Scheiben schneiden und die Bubaspitzle damit belegen. Zugedeckt braten, bis der Käse zu verlaufen beginnt und dann servieren.

Tipp 1: Sie können die Mehlmengen auch variieren bis zum Verhältnis 1:1 mit den Kartoffeln.

Tipp 2: Wenn Sie ganz frisch gemahlenes Mehl nehmen, können sich die Bubaspitzle nach dem Kochen leicht verfärben, sie können auch gekauftes Vollkornmehl oder Vollkorngrieß dafür verwenden.

Serviervorschlag: Bei uns gibt es dazu immer Sauerkraut, Sie können die Bubaspitzle auch ohne überbackenen Käse kurz anbraten und dann unter das Sauerkraut mischen oder in einem Auflauf verwenden.

Das beste Kraut für unser Sauerkraut wächst auf den Fildern, einer Hochfläche mit ganz besonders gutem Boden, zwischen Stuttgart und der schwäbischen Alb gelegen. Leider wird die Anbaufläche durch viele größere Baumaßnahmen immer mehr beschnitten.

Sauerkraut

1 Zwiebel	fein schneiden, in
1 EL Öl	anbraten,
500 g Sauerkraut	klein schneiden und zu den Zwiebeln geben,
250 ml Gemüsebrühe	zugeben.
1 gekochte Kartoffel	klein würfeln sowie
1 kleinen Apfel	gerieben oder klein gewürfelt zum Kraut geben, unter gelegentlichem Umrühren mindestens 15 Minuten kochen, bei Bedarf noch etwas Wasser oder etwas weißen Traubensaft zugeben. Kurz bevor Sie das Kraut vom Herd nehmen, noch
1 – 2 EL hellen Balsamico- oder Apfelessig	unterrühren und dann sofort servieren.

Tipp: Sie können statt Apfel auch Feigen, Ananas oder Rosinen verwenden, lieben Sie es herzhafter, verzichten Sie auf das Obst und nehmen normalen Weinessig.

Wir kennen keinen Kohl, sondern nur »Kraut«. Dabei werden in der schwäbischen Küche alle gebräuchlichen Sorten verwendet, so auch der Wirsing, wie im folgenden Rezept.

Wirsingomelette

600 g Wirsing	vierteln und in gut 1 cm breite Streifen schneiden,
100 g Zwiebel	grob hacken, in
1 – 2 EL Öl	anbraten, dann
2 – 3 EL Wasser	zufügen und glasig braten.
1 große Tomate	häuten und würfeln, zu den Zwiebeln geben. Ebenso die Wirsingstreifen, dann noch
100 ml Gemüsebrühe	zufügen, alles zugedeckt gut 10 Minuten dünsten, bei Bedarf noch etwas Wasser zugeben. Der Wirsing soll noch knackig sein.
30 g Butter	mit
Majoran,	
Koriander	und
Muskat	zufügen,
4 Eier	und
100 ml Milch	gut verquirlen, über den Wirsing gießen und zugedeckt stocken lassen. Sofort servieren.

Tipp 1: Ich ziehe sehr knackiges Gemüse vor, daher kann es sein, dass Sie den Wirsing vielleicht einige Minuten länger dünsten sollten.

Tipp 2: Kraut, also auch Wirsing, wird überwiegend im Winter verwendet. Wenn Sie dann keine Tomaten kaufen wollen, nehmen Sie doch einfach 1 grob geraspelte gelbe Rübe oder etwas geraspelten Kürbis.

Ob weiß, blau oder grün, Krautwickel sind ein deftiges Wintergericht, das man auch in der Füllung vielfach variieren kann.

Krautwickel

1 Zwiebel	fein schneiden, in
2 EL Öl	anbraten.
150 g Grünkern	mittelgrob schroten, dazugeben und kurz mitbraten,
gut 250 ml Gemüsebrühe	zugießen, aufkochen und 15 Minuten quellen lassen.
2 EL Sonnenblumenkerne	ohne Fett kurz anrösten. Von
1 kg Weißkraut	die äußeren Blätter entfernen, in
Salzwasser	10 Minuten blanchieren, die Blätter ablösen und die dicken Mittelrippen flach schneiden.
250 g Quark	mit dem gequollenen Grünkernschrot gut verrühren, mit
Kerbel,	
Koriander	und
Kräutersalz	kräftig würzen. Grünkernfüllung auf die Krautblätter verteilen und die Krautblätter aufwickeln und feststecken oder einschnüren. Die Wickel in einem Topf mit
etwas Fett	kurz anbraten, wenden und je
100 ml Apfelsaft	und
Gemüsebrühe	zugießen. Bei schwacher Hitze zugedeckt in 30 Minuten weich schmoren, gegebenenfalls Flüssigkeit nachgießen.

Tipp: Neben Weißkraut eignen sich auch Rotkraut und Wirsing für das Gericht, ebenso Roggen statt Grünkern.

Eine alte Gemüsesorte, die bereits im 16. Jahrhundert schriftlich erwähnt wurde, aber auch ein Gemüse, das heute immer noch aktuell und vielfältig eingesetzt wird: Vom Kohlrabi kann man neben der Knolle auch die zarten Herzblätter verwenden.

Gefüllte Kohlräble

75 g Grünkern	grob schroten,
150 ml Gemüsebrühe	erhitzen und den Grünkernschrot zugeben, einige Minuten köcheln und dann 10 Minuten quellen lassen, gegebenenfalls noch etwas Flüssigkeit zugießen.
4 größere Kohlrabi	schälen, das obere Drittel abschneiden und den Rest aushöhlen. Deckel und Kohlrabiinneres klein hacken.
1 Zwiebel	klein schneiden, in
30 g Öl oder Butter	anbraten,
150 g Bergkäse	fein reiben, mit der Zwiebel, dem kleingehackten Kohlrabifleisch und der Grünkernmasse mischen, mit
Salz, Pfeffer, Paprika	und
Oregano	kräftig würzen. Die Kohlrabi damit füllen, in einen Topf
200 ml Gemüsebrühe	und
einige Wacholderbeeren	zugeben.
3 gehäutete Tomaten	klein würfeln und mit
Salz, Muskat undPfeffer	in die Brühe geben, die Kohlrabi hineinsetzen und alles zugedeckt 30 Minuten dünsten lassen. Die Kohlrabi herausnehmen, in die Gemüsebrühe noch
1 – 2 EL Sahne	unterrühren und zu den Kohlrabi servieren.

Pilze eignen sich in vielen Variationen für die vegetarische und auch für die schwäbische Küche, wobei auch hier die einfachen Rezepte besonders viel versprechend sind.

Steinpilze in Rahm

500 g Steinpilze	kurz waschen, abtrocknen und in kleine Stücke schneiden.
1 rote Zwiebel	klein hacken und in
50 g Butter	kurz andünsten, dann die Pilze zugeben, mit
Kräutersalz	kräftig würzen und einige Minuten dünsten.
20 g Weizen	fein mahlen, die Pilze damit bestäuben,
200 – 250 ml Sahne	dazugießen, dann
gehackte Petersilie	und
1 EL Zitronensaft	untermischen und nochmals kurz aufkochen.

Tipp: Probieren Sie auch mal Champignons, Pfifferlinge, Austernpilze oder eine Mischung verschiedener Pilze.

Serviervorschlag: Passt besonders gut zu allen Knöpfle und Knödeln, zu Spätzle und Kartoffelsalat.

Wenn Sie dieses Gericht zu einem bestimmten Termin planen, dann sollten Sie vorher mit Ihrem Gemüsehändler darüber reden, denn ganz große Champignons sind nicht immer vorrätig. Zwar schmecken auch kleinere Champignons, aber die Arbeit vervielfältigt sich.

Gefüllte Champignons

8 große Champignons	putzen und die Stielansätze aus den Köpfen herausschneiden, eventuell die Köpfe noch leicht aushöhlen und die Stiele sehr klein schneiden.
1 Zwiebel	fein würfeln, in
30 g Butter	andünsten, dann die klein geschnittenen Pilze zugeben und unter Rühren kurz mitbraten, vom Herd nehmen.
40 g Vollkornbrösel	zugeben und alles mit
100 g geriebenen Käse	und
gehackter Petersilie	mischen, mit
Kräutersalz,	
Pfeffer	und
Paprika	würzen. Die Champignonköpfe damit füllen und diese in eine leicht gefettete Auflaufform setzen.
½ – 1 Tasse Gemüsebrühe	seitlich zugießen und bei 200 °C etwa 15 Minuten überbacken.

Tipp: Falls Ihnen etwas Füllmasse übrig bleibt, können Sie diese auch als Küchlein ausbacken oder mit der gleichen Menge Butter zu einem Brotaufstrich pürieren.

Serviervorschlag: Spätzle, Kartoffelsalat und braune Soße oder auch nur zu Salaten oder kurz gebratenem Gemüse.

Die grüne Farbe ist das Markenzeichen der Laubfrösche, die bereits 1801 im Augsburger Kochbuch beschrieben werden. Um das Grün zu erhalten, dürfen die Laubfrösche auf keinen Fall gewendet werden.

Laubfrösche

4 altbackene Wecken	in kaltem Wasser einweichen.
300 g große Spinatblätter	in
Salzwasser	kurz blanchieren und anschließend zum Trocknen auf einem Küchentuch ausbreiten.
3 – 4 Schalotten	fein hacken, von
1 Bund Petersilie	die Blätter von den Stielen zupfen und klein schneiden.
40 g Butter	in der Pfanne erhitzen, die Schalotten darin andünsten und dann die Petersilie kurz mitbraten, alles auskühlen lassen. Die Brötchen ausdrücken, mit den Schalotten,
2 Eiern	und
40 g Vollkornweckmehl	mischen, mit
Salz,	
Pfeffer	und
Muskat	würzen. Jeweils
2 – 3 Spinatblätter	leicht überlappend zusammenlegen und in die Mitte einen guten Esslöffel Fülle geben, dann die Spinatblätter wie Rouladen zusammendrehen, gegebenenfalls binden oder zusammenspießen. In eine feuerfeste Form geben mit

250 ml Gemüsebrühe	übergießen und bei 180 °C etwa 15 Minuten schmoren. Laubfrösche herausnehmen. In die Gemüsebrühe
1 – 2 EL Sahne	und
1 EL Dinkelgrieß	einrühren und als Soße dazu servieren.

Tipp: Sie können auch die Füllung wie bei den Krautwickeln (siehe Seite 74), den vegetarischen Maultaschen (siehe Seite 46) oder den gefüllten Champignons (siehe Seite 77) verwenden.

Herbstzeit ist Zwiebelzeit und so finden Sie den pikanten Zwiebelkuchen in dieser Jahreszeit sehr häufig auf schwäbischen Speisekarten. Ein Gedicht, so schwärmen viele. Wenn Sie es nicht glauben, dann sollten Sie sich überzeugen lassen.

Bei der Zubereitung sind allerdings Tränen kaum zu vermeiden, es sei denn, Sie haben einen ganz persönlichen Trick, der dies beim Zwiebelschneiden verhindert. Ich habe für mich noch keinen gefunden.

Zwiebelkuchen

300 g Weizen	und
200 g Roggen	fein mahlen, in eine Schüssel geben, Mulde hineindrücken,
40 g Hefe	in der Mulde zerdrücken, von
⅛ l lauwarmer Milch	2 – 3 EL abnehmen und mit etwas Mehl und der Hefe zu einem Vorteig verrühren, zugedeckt 15 Minuten gehen lassen, dann mit
2 Eiern	und
100 g Butter	und der restlichen Milch kräftig einen Teig kneten, zugedeckt 30 Minuten an einem warmen Ort gehen lassen.
2 kg Zwiebel (darunter 1 – 2 rote)	schälen und in Scheiben schneiden, in
Öl oder Butter	leicht weich dünsten, sie sollten dabei aber keine Farbe annehmen.
¼ l saure Sahne	mit

3 – 4 Eiern,
40 g Vollkornmehl,
Salz,
Pfeffer und
1 TL Kümmel gut verrühren, dann die Zwiebeln unterheben. Den Hefeteig ausrollen und in eine gebutterte Kuchenform geben, einen 2 – 3 cm hohen Rand formen, die Füllung gleichmäßig über den Teig verteilen und im Backofen bei 200 – 220 °C etwa eine Stunde goldgelb backen und warm servieren.

Tipp: Also mir ist es zu viel Aufwand, den Teig auf einer Platte auszurollen und dann in die Form zu heben, ich welle den Teig direkt in der Form aus. Als Schwabe spart man immer, auch an der aufgewendeten Arbeit und Energie.

Pikante Kuchen gibt es in den verschiedensten Varianten, die folgende passt gut zu kurz angebratenem oder *al dente* (bissfest) gekochtem Gemüse oder auch Salat.

Pikanter Rahmkuchen

150 g Weizen	und
50 g Roggen	fein mahlen, mit
60 g Butter,	
100 ml Milch,	
Salz	und
Pfeffer	zu einem Mürbteig verarbeiten, diesen zugedeckt 30 Minuten im Kühlschrank kalt stellen. Dann in einer gefetteten Kuchenform auslegen, einen 2 – 3 cm hohen Rand formen.
300 ml saure Sahne	mit
3 Eigelben, Salz, Pfeffer	und
Paprika	glatt rühren, mit
1 Bund klein gehacktem	
Schnittlauch	bestreuen, und bei 200 °C etwa 30 Minuten backen und heiß servieren.

Tipp 1: Wenn Sie Kümmel mögen, können Sie 1 – 2 TL hinzufügen, manche nehmen auch noch eine zerdrückte Knoblauchzehe hinzu.

Tipp 2: Sie können auch statt des Schnittlauchs 2 – 3 Bund Petersilie klein hacken, und die Hälfte der sauren Sahne durch Sahne ersetzen und statt den 3 Eigelb auch 2 Eier als Füllung verwenden.

Nicht ganz so herb und pikant wie der Zwiebelkuchen ist die Lauchtorte, die meist lauwarm gegessen wird.

Lauchtorte

250 g Weizen	fein mahlen, mit
1 Ei,	
125 g Butter	und
Salz	zu einem Teig kneten, in Alufolie eingepackt eine halbe Stunde in den Kühlschrank legen.
1 rote Zwiebel	fein hacken,
1 kg Lauch	längs halbieren und quer in schmale Streifen schneiden.
50 g Butter	erhitzen, zuerst die Zwiebel, dann den Lauch dazugeben und kurz anbraten, mit
50 ml Apfelsaft	ablöschen und einige Minuten auf der ausgeschalteten Platte stehen lassen.
125 g Crème fraîche (oder saure Sahne)	mit
2 Eiern,	
1 EL Speisestärke,	
Salz, Pfeffer	und
Muskat	verrühren. Den Teig in eine gefettete Kuchenform legen, 3 cm hohen Rand formen, den Lauch auf dem Teigboden verteilen, dann die Eiermischung darüber gießen.
125 g Emmentaler	reiben und zum Schluss über den Kuchen streuen. Dann bei 180 °C etwa 45 Minuten backen, herausnehmen und etwas abkühlen lassen.

Lauch ist ein unwahrscheinlich vielfältig zu verwendendes Gemüse, sei es roh oder leicht gedämpft in einem Nudel- oder Getreidesalat, als Zutat zu einem Gemüse- oder Linsentopf, als Ersatz für Zwiebel oder wie beim vorigen und beim nächsten Rezept als Hauptbestandteil.

Überbackener Lauch

	Die Stangen von
1 kg Lauch	der Länge nach durchschneiden und dann in 10 cm lange Stücke schneiden, im Gemüsesieb über
Gemüsebrühe	einige Minuten dünsten. Eine feuerfeste Form einfetten, die Lauchstücke hineingeben.
2 – 3 Eigelb	mit
⅛ l Milch	verquirlen, mit
Salz, Pfeffer, Muskat	und
Paprika	kräftig würzen und über die Lauchstangen gießen.
50 g Emmentaler	reiben, mit
50 g Weckmehl	mischen und darüber streuen.
20 – 30 g Butter	in Flöckchen darauf setzen, 20 Minuten überbacken. Mit
Petersilie	und
Tomatenachteln	garniert servieren.

Tipp 1: Sie können statt Weckmehl auch geriebene Nüsse nehmen oder beides mischen.

Tipp 2: Sie können die Lauchstangen ähnlich vorbereiten (aber nicht der Länge nach aufschneiden), 1 Ei verquirlen, die Lauchstangen zunächst darin und dann in Weckmehl oder Nüssen wenden und in der Pfanne ringsum ausbacken.

Pikante Küchle und anderes

Schwaben haben ihre ganz eigene Logik und manchmal ist sie nicht sofort eingängig, aber immer stimmig, wie der folgende Spruch deutlich macht:

Wemmr wissa dääd, was mr ned woiß,
no dääd mr meh wissen,
wie wemmr ned woiß, was mr ned woiß

Alles klar oder soll ich übersetzen?

Bitte:

Wenn man wissen würde, was man nicht weiß,
dann würde man mehr wissen,
wie wenn man nicht weiß, was man nicht weiß

Wenn man als Schwabe seine Lieblingsspeise auf dem Teller hat, nämlich Spätzle und Kartoffelsalat, dann fehlt neben der Soße noch etwas, nämlich Küchle oder Bratlinge.

Überbackene Vollkornküchle

250 g Getreide (Weizen, Gerste, Roggen)	grob schroten, in
500 ml Gemüsebrühe	5 – 10 Minuten köcheln und nochmals einige Minuten quellen lassen. Dann
2 Eier	unterrühren und mit
Kräutersalz, Pfeffer, scharfem Paprika, Oregano	und
Basilikum	kräftig würzen. Acht Küchle formen, in
Weckmehl	wenden und in
Erdnussöl	in der Pfanne ausbacken, nach einigen Minuten wenden.
2 säuerliche Äpfel	in 8 Scheiben schneiden, Kerngehäuse dabei entfernen und in
etwas Butter	auf beiden Seiten kurz anbraten. Die Küchle auf ein leicht gefettetes Backblech legen, darauf die Apfelscheiben und mit
8 Scheiben Emmentaler	abdecken, dann kurz überbacken.

Tipp: Sie können auch nur Grünkern nehmen oder auch Buchweizen zufügen, statt Emmentaler eignen sich auch Edamer, Gouda oder ein italienischer Hartkäse.

Serviervorschlag: Schmeckt auch zu allen Salaten oder kurz gebratenem Gemüse oder nur auf Toast- oder Vollkornbrot.

Normalerweise werden in pikanten Küchle keine Treibmittel verwendet, aber durch die verwendete Hefe wird das folgende Rezept besonders locker und lecker. Die Küchle können warm oder kalt serviert werden.

Haferküchle

200 g Hafer	zu Flocken quetschen oder zu Schrot mahlen,
100 g Weizen	mittelgrob schroten.
½ l Gemüsebrühe	erhitzen und über das Getreide gießen, verrühren und quellen lassen. Nach einigen Minuten
20 g Hefe	dazubröckeln und ebenfalls unterrühren.
100 g Weckmehl	unter den Teig rühren und mit
Salz	und
Kümmel	abschmecken. 1 – 2 EL Teig in eine Pfanne mit
heißem Fett	geben, etwa 1 cm dick glatt streichen. Bei mäßiger Hitze einige Minuten backen, dann vor dem Wenden noch
etwas Butter	auf die Küchle legen, wenden und von der anderen Seite fertig backen.

Tipp: Statt Weckmehl kann man auch gemahlene Haselnüsse oder Mandeln verwenden, auch angebratene, fein gehackte Zwiebel oder fein geschnittenen Lauch kann man zufügen.

Ein echter Hochgenuss sind die Pilzküchle, die besonders gut zu Kartoffelsalat, Spätzle und Soße passen, die ich aber auch gerne kalt zum Vespern beim Wandern mitnehmen, auch für ein Picknick sind sie gut geeignet.

Pilzküchle

2 Vollkornwecken	in Scheiben schneiden und in
200 – 250 ml heißer Gemüsebrühe	einweichen und gut eine Viertelstunde quellen lassen.
1 kleine Zwiebel	fein würfeln und in
1 – 2 EL Butter	kurz andünsten.
300 g Champignons	sehr fein hacken, zur Zwiebel geben, kurz mitbraten und
2 EL Gemüsebrühe	zugeben. 5 Minuten dünsten. Die Vollkornwecken etwas auspressen, die Pilze ohne Flüssigkeit zufügen, ebenso
2 EL Haferflocken, 2 EL Weckmehl	und
1 Ei	alles gut durchmischen, kräftig mit
Kräutersalz, Pfeffer, Paprika, Majoran	und
Muskat	würzen, Küchle formen und in
Öl	in der Pfanne auf beiden Seiten jeweils gut 5 Minuten anbraten und heiß servieren.

Tipp 1: Sie können einen Wecken (Brötchen, Semmel) durch ein oder zwei Vollkornbrezel ersetzen, auch gemischte Pilze sind möglich und Lauch statt Zwiebel.

Tipp 2: Sie können auch fein geriebenen Käse zufügen oder mit einer Käsescheibe die Küchle überbacken.

Vielfach werden die Nüsse ausschließlich mit Süßspeisen in Verbindung gebracht, aber damit schränkt man die vielfältigen Einsatzmöglichkeiten stark ein, wie sich nicht nur hier zeigt:

Nuss-Getreide-Küchle

150 g Roggen	grob schroten,
150 g Haselnüsse	fein mahlen.
300 ml vegetarische braune Brühe	mit
1 – 2 Lorbeerblättern	aufkochen, den Roggenschrot und 100 g Haselnüsse einrühren, mit
Majoran	würzen, einige Minuten köcheln und auf ausgeschalteter Platte quellen, dann abkühlen lassen, die Lorbeerblätter herausnehmen.
2 Eier	unterrühren, mit
Salz, Pfeffer, Curry	und
Majoran	würzen. Küchle formen und in dem restlichen Haselnussmehl wenden. In
Öl oder Butter	auf beiden Seiten bei mäßiger Hitze ausbraten.

Tipp: Sie ahnen schon, was folgt. Stimmt, Sie können mit dem Getreide variieren, mit den Nüssen oder auch in Weckmehl wenden und geriebenen Käse in den Teig einarbeiten, ebenso fein geraspeltes Gemüse oder Zwiebel. Jedes Mal ein anderer Genuss und nie werden Küchle langweilig.

Statt Getreide kann man auch Kartoffeln als Grundlage für pikante Küchle nehmen, dazu Gemüse, gemischt wie hier oder aber auch eine Gemüsesorte allein, so ergeben zum Beispiel rote Rüben nicht nur geschmacklich, sondern auch optisch etwas Besonderes.

Gemüseküchle

250 g Kartoffeln	in gut 25 Minuten weich kochen, sofort schälen, noch heiß durch eine Spätzlepresse drücken.
150 g gelbe Rüben	und
150 g Kohlrabi	fein raspeln und mit
50 g Broggela	zu den Kartoffeln geben.
1 – 2 EL Vollkorngrieß	zufügen und mit
Majoran,	
Muskat,	
Kräutersalz	und
Petersilie	kräftig würzen, alles gut verrühren, dann
1 Ei	einarbeiten und etwa 1,5 cm dicke Küchle formen, in
Weckmehl	oder
grob gemahlenen Nüssen	wenden und in
Fett	bei mäßiger Hitze von beiden Seiten braten.

Tipp: Natürlich können Sie auch Sellerie oder Kürbis zufügen, auch klein geschnittenen Lauch oder Zwiebel. Statt Grieß können Sie auch Mehl oder Weckmehl nehmen und auch geriebenen Käse.

Etwas aufwändig und zeitraubend ist das folgende Rezept, aber es lohnt sich. Doch wenn ich abends von der Arbeit heimkomme und es schnell gehen muss, dann wähle ich meist die Variante auf der folgenden Seite.

Sellerieschnitzel

2 Sellerieknollen (800 g)	waschen und in
leicht gesalzenem Wasser	etwa 40 Minuten kochen, abkühlen lassen, schälen und in etwa 1 cm dicke Scheiben schneiden.
1 Ei	mit
Pfeffer	und
Salz	verquirlen, die Scheiben darin wenden und anschließend in
Weckmehl	wenden, Panade gut festdrücken. Dann in
Öl	auf beiden Seiten braten. Sofort servieren.

Gebratene Selleriescheiben

1 – 2 Sellerieknollen	schälen, in Scheiben von etwa 7 – 8 mm Dicke schneiden, in der Pfanne in
Erdnussöl	anbraten, wenden und dann auf beiden Seiten gut 5 Minuten bei mittlerer Hitze braten und heiß servieren.

Tipp 1: Beim 2. Rezept habe ich das Würzen mit Salz, Pfeffer oder anderen Gewürzen nicht vergessen, das ist nämlich gar nicht notwendig.

Tipp 2: Für beide Rezepte kann man auch Kohlrabi oder Kürbis verwenden, allerdings sollte man dann doch mit Salz, Pfeffer oder Paprika würzen.

Tipp 3: Nach dem Wenden kann man die Selleriescheiben auch noch mit Käse belegen, dann sollte man allerdings die Pfanne mit einem Deckel schließen, damit der Käse gut verläuft.

Knöpfle und Knödel

Bei uns haben die Einwohner der meisten Orte bestimmte Neck-, manche sagen auch Schimpfnamen. Die Heidenheimer – und dazu zähle ich zumindest von Geburt – sind die »Knöpfleswäscher«, weil der Überlieferung nach vor langer Zeit eine ehrsame Ehefrau aus einem Vorort für ihren in Heidenheim bei der größten Firma arbeitenden Ehemann zum Mittagessen Hefeknöpfle gemacht hatte. Diese wollte sie ihm in den Betrieb bringen. Auf ihrem langen Fußweg passierte ihr das Missgeschick, dass sie stolperte und da der Henkeltopf mit den Knöpfle nicht richtig verschlossen war, fielen die Knöpfle in den Dreck. Die gute Frau überlegte, was tun? Ihr Mann wartete auf das Essen, so dass sie nicht zurückgehen konnte, um etwas anderes zu holen. Einen Imbiss, in dem sie etwas hätte kaufen können, gab es damals natürlich nicht. In ihrer Verzweiflung – denn Sie können sich sicher die Reaktion eines hungrigen Schwaben vorstellen, der nur Linsen ohne Knöpfle erhält – sah sie auf einmal, dass die Brenz, ein kleiner Fluss ganz in der Nähe vorbeifloss und ihr kam die Erleuchtung, schnell hob sie die Knöpfle auf, kniete sich am Wasser nieder, wusch die Knöpfle im Flusswasser und eilte schnell zu ihrem Mann, der sein Leibgericht mit großem Genuss verzehrte. Ob das heute auch noch so wäre?

Prüfen Sie selbst, wie diese Knöpfle schmecken.

Hefeknöpfle

500 g Weizen	fein mahlen, in eine Schüssel geben, eine Mulde eindrücken,
40 g Hefe	einbröseln, von
¼ l lauwarmer Milch	5 EL abnehmen und mit der Hefe zu einem Vorteig verrühren, zugedeckt 15 Minuten stehen lassen. Dann
1 Ei, Salz	und die restliche Milch zugeben, gut kneten und zu einer Teigkugel verarbeiten und nochmals zugedeckt 15 Minuten gehen lassen. Dann 2 – 3 Knöpfle formen und in
siedendem Salzwasser	etwa 25 Minuten gar ziehen lassen. Mit dem Schaumlöffel herausnehmen und in etwa 2 cm breite Scheiben schneiden und servieren.

Tipp: Sie können auch 4 – 5 Knöpfle aus dem Teig herstellen und sie im Ganzen servieren, dann gehört dazu aber eine Schmälze, die Sie aus 30 g zerlaufener Butter und 5 EL Vollkornweckmehl (= Semmelbrösel) herstellen, wenn Sie wollen können Sie auch noch etwas Gemüsebrühe oder Kräutersalz zufügen.

Serviervorschlag: Passt besonders gut zu Linseneintopf oder Sauerkraut.

Am anderen Tag können Sie die Knöpflesscheiben in der Pfanne anbraten, mit oder ohne Ei oder Käse, und mit dunkler Soße zu Kartoffelsalat servieren.

Etwas fester sind die nächsten Knöpfle, dafür aber gefüllt entweder mit Gemüse oder mit Gemüse und Käse oder natürlich auch mit Obst, dann kann man in den Teig etwas mehr Honig geben.

Gefüllte Hefeknöpfle

500 g Weizen	fein mahlen, mit
20 g Hefe,	
1 TL Honig,	
¼ l Milch,	
40 g Butter,	
1 Ei	und
Kräutersalz	kräftig und lange zu einem Teig kneten. Dann ruhen lassen.
200 g Gemüse (gelbe Rübe, Lauch, Blumenkohl usw.)	klein schneiden oder raspeln, in
2 – 3 EL Öl	anbraten und dann
50 – 80 ml Gemüsebrühe	zugeben und einige Minuten garen. Teig zu einer Rolle formen, 1 cm dicke Scheiben abschneiden. 1 EL Gemüsefüllung in die Mitte geben, daraus einen Kloß formen und einige Minuten auf einem bemehlten Brett gehen lassen, dann in
reichlich Salzwasser	20 – 25 Minuten garen. Warm servieren.

Serviervorschlag: Gemüsepüree, kurz gegartes Gemüse oder eine Käse- oder Tomatensoße passen am besten.

Brötchen heißen sie im Norden, Semmeln in Bayern und bei uns Wecka und sie lassen sich altbacken zu wundervollen Knödel verarbeiten, die nicht nur am 3. März, dem Kunigundentag, schmecken. Denn vor sehr langer Zeit hat Kunigunde mit ihrer Spezialität, den Knödeln, einen Markgrafen als Ehemann gewonnen, nachdem sie auch noch eines ihrer goldblonden Haare in den Teig eingearbeitet hat. Darauf wollen wir aber als Zutat verzichten.

Weckknödel

8 alte Vollkornwecken	in feine Scheiben schneiden, mit
Salz	bestreuen und
400 ml lauwarmer Milch	übergießen. Zugedeckt durchziehen lassen.
1 Zwiebel	sehr fein schneiden,
20 g Butter	erhitzen und die Zwiebel glasig braten.
Petersilie	klein hacken und mit der Zwiebel und
2 Eier	zu den eingeweichten Wecken geben und zu einem festen Teig verarbeiten. Ist er noch zu weich, etwas
Weckmehl	oder
Vollkornmehl	zufügen.
2 – 3 l Salzwasser	erhitzen, aus dem Teig Knödel formen, ins kochende Wasser geben und etwa 20 Minuten ziehen lassen.

Serviervorschlag: Sie schmecken vorzüglich zu angebratenen Pilzen in Rahm. Am nächsten Tag schmecken sie wie die Hefeknöpfle (siehe Seite 94) als in Butter oder in Ei gebratene Scheiben.

Beim Kochen sollte man die Vielfalt der Getreidesorten in vollem Umfange nutzen, daher auch noch ein Rezept mit Hirse.

Hirseknöpfle

850 ml Wasser	mit
1 TL Salz	aufkochen.
300 g Hirse	gut abspülen und darin bei geringer Hitze etwa 20 Minuten quellen lassen.
1 Zwiebel	fein würfeln und in
90 g Butter	anbraten, den Hirsebrei und
100 g Vollkornmehl	zugeben und unter Rühren bei geringer Hitze kurz aufkochen. Wenn der Teig etwas abgekühlt ist,
2 Eier,	
gehackte Petersilie	und
Schnittlauch	unterrühren. Aus dem Teig Knöpfle formen und in leicht köchelndem
Salzwasser	etwa 20 Minuten gar ziehen lassen.

Tipp: Wenn Sie meine anderen Bücher kennen, dann kennen Sie meine zweite Vorliebe, die indische Küche, und daher kann ich es mir nicht verkneifen, auch in diesem Buch einen entsprechenden Tipp zu geben: Würzen Sie einmal mit Marsala, Ingwer und Kreuzkümmel und vielleicht noch etwas Koriander.

Serviervorschlag: Tomatensoße, Linsen, Pilze in Rahm oder zu Kartoffelsalat und Kräuterrahmsoße.

Spinat, gut zubereitet, ist etwas wirklich Gutes, daher kaufe ich kein Tiefkühlprodukt, sondern mache mir die Arbeit, den Spinat zu putzen und zu waschen und ihn zu kochen. Im folgenden Gericht gibt er dann den Knöpfle eine interessante Farbe.

Spinat-Quark-Knöpfle

250 g Spinat 4 – 5 EL Gemüsebrühe	putzen, die Stiele entfernen und in so lange kochen, bis der Spinat zusammenfällt, dann pürieren.
100 – 120 g Weizen	fein mahlen,
60 – 80 g Bergkäse	fein reiben, mit dem pürierten Spinat,
150 g Quark	und
1 Ei	glatt rühren, mit
Salz,	
Pfeffer	und
Muskat	kräftig würzen.
	Ein Topf mit
leicht gesalzenem Wasser	aufkochen, Klößchen abstechen oder formen, in dem nicht mehr kochenden Salzwasser etwa 10 Minuten garen (das Wasser darf die ganze Zeit nicht mehr kochen), herausnehmen und servieren.

Serviervorschlag: Dazu passen geschmälzte Zwiebeln und grüner oder gemischter Salat.

Die geschmälzten Zwiebeln sind ein wichtiger Bestandteil der schwäbischen Küche, sie passen nicht nur zu Spätzle, angebratenen Kässpätzle, sondern auch zu Maultaschen oder Bubaspitzle. Wenn Sie Knöpflescheiben anbraten, sollten die Zwiebeln auch nicht fehlen. Kurzum, sie passen fast überall und immer, wenn man mal davon absieht, dass Süßspeisen nicht damit garniert werden.

Geschmälzte Zwiebeln

2 Zwiebeln	in Scheiben oder grobe Würfel schneiden, in
40 g Butter	und
Paprikapulver	braun schmälzen, mit
gehacktem Schnittlauch	bestreuen und über die Knöpfle geben.

Doch ich ziehe zu den Spinat-Quark-Knöpfle eine andere Beilage vor, auch wenn diese durchaus nicht der klassischen schwäbischen Küche entspricht, vor allem weil ich noch Ingwer zufüge, man kann das Gericht aber auch ohne diese exotische Zutat würzen.

Kürbis-Pastinaken-Püree

250 g Kürbis	und
250 g Pastinake	grob würfeln.
2 cm frischen Ingwer	sehr fein schneiden oder reiben,
½ Zwiebel	klein schneiden.
50 g Butter	erhitzen und darin die Zwiebel mit dem Ingwer kurz anbraten, dann die Kürbis- und Pastinakenwürfel dazugeben.
150 ml Gemüsebrühe	zugeben und zugedeckt 10 Minuten dünsten. Mit wenig Flüssigkeit pürieren und nochmals
20 – 30 g Butter	und
2 – 3 EL Sahne	zufügen, alles gut durchmischen. Mit
Salz,	
Paprika,	
Ingwer	und
Koriander	kräftig würzen und heiß servieren.

Süßes

Die schwäbische Küche kennt sehr viele Süßspeisen und Desserts und verdeutlicht damit vielleicht auch das Wesen des Schwaben, ein butterweicher Kern in einer oft rauen Schale. Auf alle Fälle sind die süßen Sachen ein besonderer Genuss.

Vielleicht ist es aber auch auf den Einfluss der katholischen Kirche zurückzuführen, die vor allem in Oberschwaben sehr stark ist und den fleischlosen Freitag propagiert. Da waren und sind Süßspeisen eine interessante Alternative, die auch bei Protestanten sehr beliebt ist.

Als Dessert oder als vollwertige Mahlzeit eignet sich diese vorzügliche Resteverwertung für altbackene Wecken.

Aber ganz ehrlich, ich kaufe mir bewusst einige Tage vorher mehr Vollkornwecken, damit ich dieses Gericht zubereiten kann.

Ofenschlupfer

4 – 5 altbackene Vollkornwecken	in 1,5 cm dicke Scheiben schneiden,
2 – 3 Äpfel	schälen, Kerngehäuse entfernen, und in schmale Scheiben schneiden, mit dem
Saft einer halben Zitrone	beträufeln. In eine gefettete Auflaufform den Boden eng mit den Weckscheiben belegen, darauf eine Lage Apfelscheiben, mit
etwas flüssigem Honig	beträufeln und je nach Anzahl der Lagen
50 g Korinthen	und
50 g blättrige Mandeln	auf die Äpfel geben und das Ganze wiederholen, mit einer Schicht Weckscheiben abschließen.
3 Eier	mit

¾ l Milch
Zimt

und verquirlen und zunächst die Hälfte langsam darüber gießen, nach einigen Minuten die ganze Masse etwas mit einem flachen Wender zusammendrücken, die restliche Eiermilch langsam darüber gießen und nach einigen Minuten die Masse nochmals zusammendrücken, es muss gewährleistet sein, dass auch die oberste Schicht durchfeuchtet bleibt. Dann 45 Minuten bei 200 °C backen, am Schluss etwas mehr Unterhitze geben, noch 10 Minuten im heißen Ofen stehen lassen und heiß servieren.

Serviervorschlag: Am besten passt dazu eine Vanille- oder Zimtsoße, mitunter wird auch Apfelmus dazu serviert.

Ein Rezept, zwei Zubereitungsarten und ein ganz unterschiedlicher Geschmack. Meiner Frau Ingrid war sofort klar, die gebackenen Nudeln sind ihr lieber, doch dann hat sie die im Dampf gegarten probiert und war genauso begeistert. Aber am besten urteilen Sie selbst.

Nackerte Dampfnudeln

500 g Weizen	fein mahlen, in eine Schüssel geben, mit
40 g Hefe, etwas lauwarmer Milch, 1 TL Honig	und etwas Mehl einen Vorteig zubereiten, mit Mehl bedeckt 15 Minuten ruhen lassen, dann den Rest der
knapp ¼ l Milch, 2 Eier	und
100 g Butter	zugeben und mit
3 TL Honig	sowie
Salz	den Hefeteig mehrere Minuten kräftig kneten, bis er sich vom Schüsselrand löst, an einem warmen Ort zugedeckt etwa 30 Minuten lang gehen lassen. Dann gut 1 cm dick auswellen, mit einem Glas runde Formen ausstechen, nochmals einige Minuten zugedeckt stehen lassen. In einer Kasserolle
gut ⅛ l Milch	mit
50 g Butter	aufkochen, die ausgestochenen Nudeln dicht an dicht in die Milchbutter setzen. Kasserolle gut

verschließen und die Nudeln im vorgeheizten Ofen bei 220 °C ca. 30 Minuten garen lassen. Dampfnudeln herausnehmen und sofort servieren.

Tipp: Sie können die Nudeln auch auf ein gefettetes Blech setzen und dann bei 200 °C backen, eventuell die letzten Minuten abdecken, damit die Nudeln nicht zu braun werden.
Schwierig wird es, wenn Sie wie ich beides gleichzeitig im Ofen machen, da müssen Sie etwas mit der Hitze variieren. Bei mir ist das notwendig, weil die einzige für den Backofen geeignete Kasserolle doch zu klein ist.

Serviervorschlag: Dazu passen Vanille- oder Zimtsoße, Apfel- oder Zwetschgenmus, aber auch ein Früchtequark.

Wenn es ganz schnell gehen soll, dann machen Sie zu den Dampfnudeln eine

Apfel-Zimt-Soße

½ l Apfelsaft	mit
1 TL Zimt	aufkochen, dann
15 – 20 g Dinkel-	oder
Weizengrieß	einrühren, etwas quellen lassen. Fertig.

Tipp 1: Sollten Sie etwas zuviel Grieß eingerührt haben, so geben Sie einfach noch etwas Saft dazu, bis die Soße die gewünschte Konsistenz hat. Es eignet sich auch Maismehl als Dickungsmittel.

Tipp 2: Sie können auch Milch oder andere Säfte für die Soße verwenden und statt Zimt auch Vanille nehmen. Richtig weihnachtlich schmeckt es, wenn Sie noch etwas Nelken oder Kardamom zufügen.

Tipp 3: Eine wunderschöne gelbe Farbe erhalten Sie wenn Sie etwas Safran dazugeben.

Pfitzauf kann man eigentlich nur in den dafür vorgesehenen Formen aus Porzellan oder Keramik backen, aber die Anschaffung lohnt sich, wenn Sie Süßspeisen mögen.

Pfitzauf

250 g Dinkel	fein mahlen, von
½ l Milch	einige Esslöffel abnehmen und damit das Mehl glatt streichen,
etwas Salz	zufügen.
4 Eier	einrühren, die restliche Milch mit
125 g Butter	stark erhitzen, über die Mehlmischung geben und verrühren. Den Teig jeweils bis zur Hälfte in die gefetteten 6 – 8 Pfitzaufformen füllen und im gut vorgeheizten Ofen bei 200 – 220 °C 30 – 35 Minuten backen. Während des Backvorgangs auf keinen Fall die Backofentür öffnen, sonst sinkt der Pfitzauf in sich zusammen.

Tipp: Dazu schmeckt frisches Beeren- oder Apfelmus, aber auch Obstsalat.

Eigentlich wollte ich schon zu recherchieren beginnen, woher der Name eigentlich kommt, doch als ich das fertige Gericht in der feuerfesten Form genauer betrachtete, war mir als Schwabe alles klar. Wenn auch Sie den Ursprung des Namens erkennen wollen: einfach nachkochen, schauen und genießen.

Schneiderfleck

250 g Weizen	fein mahlen, in eine Schüssel geben, mit
30 g Hefe	und
1 – 2 EL lauwarmer Milch	einen Vorteig herstellen, zugedeckt 10 Minuten ruhen lassen, dann
60 g Honig, 50 g Butter,	
1 Ei	sowie
3 – 4 EL Milch	
(insgesamt etwa 100 ml)	zugeben und mit
Vanille	würzen, alles kräftig zu einem glatten Teig kneten. Zugedeckt 30 Minuten gehen lassen. In der Zwischenzeit eine feuerfeste Form einfetten. Den Hefeteig etwa 1 cm dick ausrollen, in viereckige Teigstücke schneiden, 4 – 5 cm lang. Schuppenartig in die Form legen.
50 g Butter	verflüssigen und die Teigstücke damit bestreichen. Bei 200 °C etwa 30 Minuten backen. Zum Essen aus der Form stürzen und mit der Gabel zerreißen, mit
1 – 2 EL Kokosraspeln	bestreuen.

Serviervorschlag: Frisches oder gekochtes Beerenmus, auch Quark mit pürierten Früchten eignen sich gut.

Die pikante Version der Kartoffelkratzete habe ich vorhin (siehe Seite 66) schon vorgestellt, hier die süße und diesmal nicht mit Buchweizen, sondern mit Roggen, den ich auch sehr gerne bei süßen »Sachen« verwende, um auch dabei einen kräftigeren Geschmack zu erreichen.

Süße Kartoffelkratzete

400 g gekochte, erkaltete Kartoffeln	schälen, auf einer feinen Raspel reiben.
80 g Roggen	fein mahlen, beides mit
2 Eiern,	
2 EL Sahne	sowie
1 – 2 EL Honig	zu einer sämigen Masse verarbeiten, mit
Salz,	
wenig Zimt	und
Nelken	würzen.
Butter	in einer Pfanne erhitzen und die Kartoffelmasse gut 1 cm dick darin ausbacken, wenden und in Stücke zerreißen. Heiß servieren.

Serviervorschlag: Frisches Beeren- oder Apfelmus, auch Obstsalat schmecken gut dazu.

Die pikante Version der Bubaspitzle haben wir schon kennen gelernt (siehe Seite 70), doch auch süß sind sie ein Gedicht.

Mandel-Schupfnudeln

300 g Pellkartoffeln	schälen und durch die Kartoffelpresse drücken.
100 g Mandeln	sehr fein mahlen,
150 g Dinkel	fein mahlen. Beides zu den Kartoffeln geben, ebenso
1 Ei,	
1 EL Honig,	
Vanille	und
Salz.	Alles zu einem leicht feuchten Teig verkneten. Teig zu 3 cm dicken Rollen formen, gut 1 cm lange Stücke abschneiden und zwischen den Handflächen zu dünnen Schupfnudeln ausformen. Diese in
kochendes Salzwasser	geben, kurz ziehen lassen, bis sie auftauchen. Herausnehmen, mit kaltem Wasser abschrecken.
3 EL Butter	und
1 EL Honig	in der Pfanne erhitzen und die Schupfnudeln darin bräunen. Warm servieren.

Tipp: Statt Mandeln können Sie auch Hasel- oder Walnüsse verwenden, auch gemahlener Blaumohn ist eine interessante Variante.

Serviervorschlag: Passt gut zu frischem Obst und Sahne, aber auch Obstpüree eignet sich.

Bei einem Waldspaziergang im Frühsommer sollte man möglichst immer ein Netz oder eine Tüte dabeihaben und wenn Sie dann an blühenden weißen Holunderbüschen vorbeikommen, schneiden Sie zwölf Holunderblüten ab und bereiten zu Hause ein kaum zu übertreffendes Dessert zu.

Holderküchle

12 Holunderblüten	gut waschen und abtropfen lassen.
150 g Dinkel	und
75 g Buchweizen	sehr fein mahlen.
⅛ l lauwarme Milch	mit
2 Eiern	sowie
2 EL Honig	gut verrühren – der Honig muss sich völlig gelöst haben – und die Milchmischung in die Mehlmischung rühren.
½ Zitrone	abreiben und die abgeriebene Zitronenschale mit etwas
Salz	beifügen, alles gut verrühren, damit sich das Vollkornmehl nicht absetzt. Die Holderblüten mit dem Stiel in den Teig tauchen und in
heißem, schwimmenden Fett	goldfarben ausbacken.

Serviervorschlag: Zimt- oder Vanillesoße, Obstsalal oder Beerenmus.

Kaum ein einheimisches Obst hat solch breite Einsatzmöglichkeiten wie der Apfel, ob im süßen oder pikanten Salat, in süßen oder pikanten Hauptgerichten oder bei Desserts. Da fällt es nicht schwer, den Spruch zu beachten: Ein Apfel am Tag hält den Doktor fern.

Apfelküchle

250 g Dinkel	fein mahlen, mit
250 ml Milch,	
2 Eiern,	
3 EL Honig,	
Zimt	und
Salz	zu einem dicken Flädlesteig verrühren.
2 – 3 Äpfel	nach Bedarf schälen, Kernhaus ausstechen und in knapp 1 cm dicke Scheiben schneiden, mit
Zitronensaft	beträufeln.
1 EL flüssige Butter	in den Teig geben, Apfelstücke in den Teig tauchen und in
heißem Fett	bei kleiner Hitze ausbacken.

Serviervorschlag: Vanillesoße und Eis, aber auch jede Fruchtsoße.

Bei diesem Rezept sollten Sie nur ganz frische Eier verwenden.

Sahnige Vanillesoße

250 ml Sahne	im Wasserbad erhitzen,
2 Eigelb	sowie
20 g Honig	zufügen und zu einer cremigen Soße schlagen, kräftig mit
Bourbon-Vanille	würzen.

Tipp 1: Funktioniert auch mit Zimt oder mit Safran, dann bekommt die Soße eine wunderbare gelbe Farbe. Besonders kräftig wird die Soße, wenn Sie das frische Mark von ½ – 1 Vanilleschote nehmen.

Tipp 2: Schlagen Sie die kalte Sahne halbfest und fügen Sie dann flüssigen Honig und das Gewürz hinzu, dann können Sie auch auf die Eigelbe verzichten.

Quark-Vanillesoße

100 g Quark	mit
200 ml Milch,	
2 EL Honig	sowie
Bourbon-Vanille	gut verrühren und gekühlt servieren.

Tipp: Wer will, kann auch noch 1 Eigelb unterrühren.

Mit zwei süßen Aufläufen möchte ich dieses Kapitel beenden, wobei die Beeren sich jeweils für beide Gerichte eignen und auch Rhabarber als Zutat verwendet werden kann. Wer will, kann dazu auch noch eine Soße servieren.

Stachelbeerauflauf

125 g Butter	mit
125 g Honig	schaumig rühren,
2 Eier	und
Vanille	unterrühren, dann
100 g Buchweizen	und
175 g Weizen	fein mahlen und mit
1 TL Backpulver	mischen und mit der Honig-Butter-Mischung zu einem Teig verarbeiten.
80 g Haselnüsse	grob hacken.
50 g Butter	sowie
50 g Honig	erhitzen, die gehackten Haselnüsse darin verrühren. Ein Drittel des Teiges in eine gefettete Auflaufform geben, darauf die Haselnüsse, diese mit Teig bedecken. Darauf
500 g Stachelbeeren	geben und mit dem restlichen Teig bedecken, bei 200 °C etwa 50 Minuten backen. Herausnehmen und warm servieren.

Tipp: Neben Stachelbeeren passen Träuble, Weintrauben, Zwetschgen, aber auch Erdbeeren, bei den süßeren Obstsorten sollte man etwas weniger Honig nehmen.

Meine Frau darf selten in die Küche, aber manchmal will sie auch selbst produktiv sein, meistens geht es dann ums Backen und dieses Gericht bereitet sie besonders gerne zu.

Quark-Beeren-Auflauf

750 g Quark	mit
4 Eiern, 100 g Vollkorngrieß, 100 g Honig, Vanille, abgeriebener Zitronenschale	und
2 TL Backpulver	gut verrühren. Auflaufform einfetten und die Hälfte der Quarkmasse einfüllen.
500 – 600 g Träuble, rote oder schwarze	darauf verteilen, dann die restliche Quarkmasse darübergeben, glatt streichen, bei 200 °C gut 45 Minuten backen und warm servieren.

Tipp: Wählen Sie lieber eine flache und größere Form als eine sehr tiefe, denn sonst kann es leicht passieren, dass der Auflauf außen braun und fest, aber innen noch nicht ganz durch ist.

Kuchen

Schwaben sind vorsichtig und zurückhaltend und das merkt man auch, wenn er eine Liebeserklärung oder einen Heiratsantrag macht:

Magschd du mi au, em Fall, das i di mega dät
Dätsch du mi nehma, wenn i di wedd

Oder auf Hochdeutsch:

Würdest du mich auch lieben, für den Fall,
dass ich dich lieben würde.
Würdest du mich nehmen, wenn ich dich möchte.

Nach den langen Wintermonaten und der dann gegen deren Ende oft fehlenden frischen Zutaten ist für mich die Rharbarberzeit eigentlich der Aufbruch zu neuen Ufern und zur Vielfalt der Frische im Sommer.

Rhabarberkuchen

600 – 700 g Rhabarber	abziehen und in etwa ½ cm große Stücke schneiden, in
1 – 2 EL Apfelsaft	oder
Wasser	3 – 4 Minuten leicht dünsten.
180 g weiche Butter	schaumig rühren,
3 Eier	trennen, das Eigelb zur Butter geben und mit
2 EL Honig	unterrühren, dann
150 g Weizen	und
50 g Roggen	fein mahlen und mit
2 TL Backpulver	vermischen. Mit dem abgetropften Rhabarber, etwas
Salz,	
Zimt	und
Ingwerpulver	zur Buttermischung geben und verrühren, gegebenenfalls noch
1 EL Rhabarber-Apfelsaft	zugeben.
3 Eiweiß	steif schlagen und vorsichtig unter den Teig ziehen. Bei 200 °C ca. 30 Minuten backen.

Tipp: Im Sommer verwende ich das Rezept für Träuble, wobei ich allerdings dann eher 700 – 800 g Obst verwende. Auch Stachelbeeren eignen sich gut.

Serviervorschlag: Sehr interessant sieht es aus und schmeckt auch herrlich, wenn Sie dazu steif geschlagene Sahne, die Sie mit Safran leicht gefärbt haben, servieren.

Träuble sind, obwohl dies eigentlich nahe liegen würde und fälschlicherweise auch in manchen Kochbücher als solche bezeichnet, keine Weintrauben, sondern es handelt sich dabei um Johannisbeeren. Die roten und teilweise auch die weißen eignen sich sehr gut zu Kuchen und Aufläufen, die schwarzen eher für Marmelade oder Saft.

Träubleskuchen

200 g Weizen	fein mahlen.
50 g weiche Butter	mit
60 g Honig	und
2 Eigelbe	in eine Rührschüssel geben.
	Von
1 kleinen Zitrone	die Schale abreiben und in eine Schüssel geben, ebenso
1 EL ausgepresster Zitronensaft	sowie
1 – 2 EL weißer Traubensaft.	Das Mehl mit
1 TL Backpulver	mischen und mit
1 – 2 EL Sahne	in die Schüssel geben und alle Zutaten mit dem Knethaken zu einem festen Rührteig verarbeiten, mit
Zimt	würzen. Dann den Teig in eine gefettete Kuchenform mit 26 cm Durchmesser ausbreiten und einen kleinen Rand formen.
	Für die Füllung
3 Eiweiße	mit
3 EL warmem Wasser	steif schlagen, dann

100 g flüssigen Honig	sowie
1 Eigelb,	
1 EL Traubensaft,	
125 g gemahlene	
Haselnüsse	und
600 – 700 g rote Träuble	vorsichtig unterheben. Die Baisermasse auf den Teigboden gleiten lassen und glatt streichen. Den Kuchen bei 180 °C 45 – 50 Minuten backen, nach dem Ausschalten noch 5 Minuten im Herd lassen, dann herausnehmen, abkühlen lassen und aus der Form heben.

Tipp: Sie können statt Traubensaft auch Apfelsaft, Milch oder Sahne nehmen, statt Haselnüsse auch Mandeln.
Manche nehmen auch nur 500 g Träuble, doch da ich diese liebe, nehme ich eher noch mehr.
Gerne verwende ich als zusätzliches Gewürz noch Ingwer.

Serviervorschlag: Mit ungesüßter Schlagsahne reichen.

Apfelkuchen ist in der schwäbischen Küche einer der wichtigsten Kuchen, wobei fast jede/r Hausfrau oder -mann eine ganz persönliche Variante kennt, bäckt und serviert.

Versunkener Apfelkuchen

220 g Dinkel	fein mahlen, mit
1 gehäuften TL Backpulver	und
Vanille	mischen,
125 g Butter	erwärmen und mit
80 g Honig	zum Mehl geben.
3 Eier	trennen, die Eigelbe ebenfalls zum Mehl geben und alles gut zu einem Teig verrühren. Die Eiweiße steif schlagen und unter den Teig heben. Den Teig in eine gefettete Kuchenform geben und glatt streichen.
3 – 4 große Äpfel	schälen, vierteln und das Kerngehäuse herausschneiden, die Viertel nochmals in 2 – 3 Scheiben schneiden und mit dem
Saft einer halben Zitrone	beträufeln, damit die Apfelscheiben nicht braun werden. Dann die Apfelscheiben in den Teig stecken, dabei etwas Abstand lassen, damit der Teig entsprechend aufgehen kann. Im Ofen bei 180 °C 30 – 35 Minuten backen, den Kuchen nach dem Ausschalten noch einige Minuten im Ofen lassen, herausnehmen und abkühlen lassen.

Zwetschga-Bladdz und Kranzes (gewundener Hefezopf) waren die Spezialitäten meiner Großmutter, die immer energisch die für sie zu moderne Anrede »Oma« ablehnte. Von ihrem Backwerk konnte ich nie genug bekommen. Warum das so ist, werden Sie bei den beiden folgenden vollwertigen Varianten selbst erkennen können.

Zwetschga-Bladdz

350 g Weizen	fein mahlen, mit
125 ml Milch, 80 g Butter,	
60 g Honig, 1 Ei, Salz	und
30 g Hefe	zu einem Teig verarbeiten, kräftig kneten, einige Minuten gehen lassen. Dann auf einem gut gefetteten Blech dünn ausrollen.
1,5 – 1,8 kg Zwetschgen	halbieren, entsteinen und den Teig damit eng belegen, dabei einen Rand von gut 1 cm lassen.
150 g Weizen	sowie
100 g Mandeln	fein mahlen, mit
1 TL Zimt	würzen.
125 g kalte Butter	und
100 g Honig	durchkneten, dann mit dem Mehl vermischen, die Streusel durch die Finger auf die Zwetschgen rubbeln, bei 200 °C gut 30 Minuten backen.

Tipp 1: Sie können die Zwetschgen auch nur mit Mandelsplitter bestreuen, das geht natürlich schneller.

Tipp 2: Wie wäre es mal mit einer Quark-Variante? Nehmen Sie 800 g Quark und mischen diesen mit 200 – 300 g pürierten Zwetschgen, 3 Eiern und 50 g Honig, streichen Sie diese Masse auf den Boden und geben die Streusel darüber.

Hefezopf schmeckt herrlich, wenn auch die Art des Genusses sich durchaus unterscheidet: Die einen essen den Zopf unverfälscht und pur, andere streichen dick Butter auf die Scheibe oder wieder andere Butter und Marmelade. Doch die vielleicht ursprünglichste Form ist das »Eibrocka« oder »Eitunka«, das man aber nur im engeren Familienkreis und nicht in Gesellschaft praktiziert. Je nach Art, wie der Zopf verzehrt wird, scheiden sich die Geister, ob mit oder ohne Rosinen.

Hefezopf

600 g Weizen	fein mahlen und in eine Schüssel geben. Eine Mulde ins Mehl drücken, von
¼ l lauwarmer Milch	1 – 2 EL abnehmen und mit
40 g Hefe	sowie
1 EL Honig	und etwas Mehl zu dem Vorteig geben, im Warmen zugedeckt 15 Minuten gehen lassen. Dann die restliche Milch,
1 Ei,	
100 g Butter	und
100 g Rosinen	zugeben und alles zu einem festen Teig kräftig kneten, zugedeckt nochmals 30 Minuten gehen lassen. Danach noch einmal kurz durchkneten und den Teig in 3 gleich große Stücke teilen und jedes zu einer gleich langen Rolle mit 4 – 5 cm Durchmesser formen und daraus einen Zopf flechten. 10 Minuten ruhen lassen, dann

1 Eigelb	verquirlen und den Zopf damit bestreichen. Im Backofen bei 200 °C etwa 40 – 45 Minuten backen.

Tipp: Sie können noch etwas gehackte oder gemahlene Nüsse oder Sonnenblumenkerne in den Teig geben und mit 1 EL Sesam bestreuen. 1 MSP Safran macht den Zopf in der Farbe noch kräftiger.

Ach, Sie haben als Nichtschwabe nicht verstanden, was *eibrocka* bzw. *eitunka* bedeutet, ganz einfach, die Zopfscheibe wird in einem Fall mit der Spitze in den Kaffee oder Kakao eingetunkt und dann abgebissen. Aber Vorsicht, mitunter bricht die vollgesogene Spitze der Scheibe beim Herausnehmen ab und fällt aufspritzend in die Tasse zurück. Diese Gefahr ist beim Eibrocka weniger gegeben, hier wird die Scheibe in mundgeeignete Stücke gebrochen und in den Kaffee gegeben und dann herausgelöffelt. Als Kinder haben wir manchmal so viel Zopf in den Kakao gegeben, dass alle Flüssigkeit aufgesogen wurde und dann haben wir die Tasse umgedreht und die Masse auf einen Teller gegeben, wobei diese als Turm stehen bleiben sollte.

In der Adventszeit und zu Weihnachten gehört bei uns in Schwaben ein Hutzelbrot auf jeden nachmittäglichen Kuchentisch. In Alufolie eingepackt, hält das Gebäck einige Wochen lang, doch meist muss vor Weihnachten nochmals gebacken werden, denn das Hutzelbrot schmeckt einfach zu gut.

Hutzelbrot

300 g Hutzeln	mit
300 g getrockneten Zwetschgen	über Nacht in
Wasser	einweichen, die Hutzeln dann im Einweichwasser 20 Minuten weich kochen, die heißen Birnen mit der Flüssigkeit über die Zwetschgen und gießen und nochmals gut durchziehen lassen. Dann die Früchte in kleine Würfel schneiden.
300 g Feigen	
300 g Weizen	fein mahlen, in eine große Schüssel geben, eine Vertiefung hineindrücken. Etwas Einweichwasser leicht erwärmen,
30 g Hefe	darin auflösen und mit etwas Mehl zu einem Vorteig verrühren, eine halbe Stunde an einem warmen Ort gehen lassen. In der Zwischenzeit
150 g Haselnüsse	sowie
150 g Mandeln	grob hacken,
30 g Orangeat	und
30 g Zitronat	klein würfeln und mit den Nüssen und dem Trockenobst zum Mehl mit dem Vorteig geben und die gesamte Masse gut 10 Minuten kneten, dabei kräftig mit

Zimt	und
Anis	würzen, bei Bedarf noch etwas Einweichwasser oder
Apfelsaft	zufügen. Nochmals mit Mehl bestäubt zugedeckt eine halbe bis eine Stunde warm stellen. Ein bis zwei Laibe formen und auf ein gefettetes Backblech setzen und nochmals mindestens 2 – 3 Stunden gehen lassen, eventuell auch über Nacht. Im Ofen bei 200 °C 60 – 70 Minuten backen, gegebenenfalls abdecken. Größere Laibe brauchen bis zu 90 Minuten. Herausnehmen und mit Einweichwasser bestreichen. Gut auskühlen lassen, dann in Alufolie einpacken und nach ein bis zwei Tagen genießen.

Tipp: Besonders herzhaft schmeckt das Hutzelbrot mit Roggen oder einem Roggenanteil, allerdings reicht dann die Triebkraft von Hefe nicht mehr aus und man muss Sauerteig dazunehmen.

Kleingebäck

Sparsam sind Schwaben nicht nur mit Geld, sondern auch mit Worten, denn sie handeln nach dem Motto

Ed bruddelt, isch gnuag globd

oder

Nicht geschimpft, ist Lob genug

Wenn wir am Sonntag zu Hause sind und ich keinen Kuchen gebacken habe, was nicht so oft vorkommt, kommt Ingrid so gegen Mittag auf die Idee, ich solle noch etwas backen. Dann gibt es für mich die beiden nachfolgend aufgeführten Möglichkeiten.

Schneckennudeln

500 g Weizen	fein mahlen und mit
30 g Hefe, 1 TL Honig	und
1 EL lauwarme Milch	zu einem Vorteig verrühren, 15 Minuten ruhen lassen und dann
120 g Butter, 2 Eier, 2 EL Honig, knapp ⅛ l Milch, Vanille	sowie
Salz	unterrühren und kräftig kneten. 20 Minuten zugedeckt an einem warmen Ort gehen lassen. In der Zwischenzeit
50 g Walnüsse	hacken, dann den Teig auf bemehlter Arbeitsplatte etwa einen ½ cm dick zu einem Rechteck ausrollen.
20 g Butter	und
1 EL Honig	leicht erwärmen und auf den Teig streichen. Gehackte Walnüsse und
50 g Kokosflocken	sowie
50 g Rosinen	über den Hefeteig verteilen. Zusammenrollen, mit einem scharfen Messer etwa 1 cm dicke Scheiben abschneiden und auf ein gut gefettetes Blech legen, nochmals einige Minuten gehen lassen und bei 200 °C 20 Minuten backen.

Kaffeeküchle schmecken besonders zum Kaffee, deshalb heißen sie auch so, aber auch zum Tee. Ohne Honig kann man sie mit pikanter Füllung genießen, wobei sich die enge Verwandtschaft zu den Windbeuteln nicht leugnen lässt, auch wenn durchaus die Zutaten und die Zubereitung etwas abweichen. Die pikante Variante gehört übrigens zu den bevorzugten Leckereien unserer Cairn-Terrier-Lady *Della*.

Kaffeeküchle

¼ l Milch	mit
60 g Butter	und
Salz	zum Kochen bringen,
125 g Vollkorndinkelmehl	einrühren, bis sich ein Kloß gebildet hat, den Topf vom Herd nehmen, sofort
1 Ei	und
3 TL Honig	unterrühren. Abkühlen lassen und die restlichen
2 – 3 Eier	nach und nach zugeben, beim dritten Ei bitte vorsichtig sein, damit der Teig nicht zu weich wird – er sollte schwer reißend vom Löffel fallen. Ggf. das Ei vorher verquirlen und langsam zugeben. Ofen auf 220 °C vorheizen (ist absolut erforderlich). Mit 2 Teelöffeln Klößchen abnehmen und auf ein gefettetes Blech setzen. Dann in den Ofen geben und gut 20 – 25 Minuten bei 200 °C backen (bitte Backofen während des Backens nicht öffnen), eventuell noch einige Minuten im

	ausgeschalteten Ofen lassen, herausnehmen und auskühlen lassen.
¼ l Sahne	steif schlagen, die Küchle aufschneiden und mit der Sahne füllen.

Tipp 1: Es eignet sich auch Früchtequark.

Tipp 2: Bei der pikanten Variante könnten Sie Kräuterquark, Frischkäse oder Linsencreme zur Füllung verwenden.

Hinter einem deftigen und derben Namen verbirgt sich ein duftiges Gebäck. Der ursprüngliche Name leitet sich aus dem mittelniederdeutschen Wort »nunnekenfurt« ab, was so viel bedeutet, »wie von den Nonnen am besten zubereitet«. Doch bei uns hat sich dieser Name eingebürgert.

Nonnenfürzle

350 g Weizen	fein mahlen, das Mehl in eine Backschüssel geben, in die Mitte eine Vertiefung drücken.
20 g Hefe	zerbröckeln und hineingeben, mit
1 TL Honig	und
etwas lauwarmer Milch	zu einem Vorteig verrühren, diesen 30 Minuten gehen lassen. Dann mit
40 g Honig, knapp 175 ml Milch, 50 g Butter, 1 Prise Salz, abgeriebene Schale von ½ Zitrone	und
3 Eiern	zu einem lockeren Hefeteig schlagen, diesen zugedeckt nochmals eine gute halbe Stunde gehen lassen. Mit einem Teelöffel Teigstücke abstechen und im
heißen Fett	goldbraun ausbacken.

Tipp 1: Sie können auch noch 50 – 80 g Rosinen zufügen.

Tipp 2: Manche stellen die Nonnenfürzle auch als Brandteig her, dazu benötigen Sie 250 ml Milch, 125 g Weizenmehl, 50 g Butter, Salz, 4 Eier, 1 TL Backpulver.

Ebenfalls in heißem Fett ausgebraten und mit Hefe zubereitet und doch ganz anders sind die Fasnetsküchle, die vor der Fastenzeit ein letztes Mal zum Schlemmen einladen.

Fasnetsküchle

500 g Dinkel	fein mahlen, in eine Schüssel geben. Aus
15 g Hefe, etwas Milch, 1 TL Honig	und etwas Mehl einen dickflüssigen Vorteig herstellen, mit wenig Mehl bestäuben und zudeckt 30 Minuten warm stellen. Dann knapp
250 ml lauwarme Milch	und
30 g Honig	zum Vorteig geben und alles verrühren.
1 Ei	etwas erwärmen,
80 g Butter	zerlassen, beides zum Teig geben und diesen kneten, bis er Blasen zeigt und sich vom Schüsselrand löst. Dann nochmals 30 Minuten zum Aufgehen warm stellen. Anschließend den Teig auf bemehlter Fläche knapp 1 cm dick auswellen und mit dem Backrädchen Rauten ausschneiden und diese dann in
heißem Fett	backen, bis sie zartbraun sind.

Tipp: Wellen Sie den Teig etwas dünner aus und geben 1 TL Himbeermarmelade auf eine Raute. Dann decken Sie diese mit einer zweiten Raute zu und drücken die Ränder gut fest.

Sehr arbeits- und vor allem zeitaufwändig und daher nicht so häufig zubereitet werden die oberschwäbischen Kräpfle, aber zu besonderen Gelegenheiten lohnt sich die Mühe und Ihre begeisterten Gäste werden es Ihnen danken.

Oberschwäbische Kräpfle

250 g Weizen	fein mahlen, mit
1 Eigelb, 4 EL Apfelsaft,	
Salz	sowie
abgeriebene Schale	
einer halben Zitrone	zu einen Teig kneten, diesen 30 Minuten kühl stellen, dann den Teig auswellen.
80 g Butter (insges. 240 g)	in Flöckchen schneiden, auf dem Teig verteilen, zunächst von beiden Seiten und noch von oben und unten einschlagen, gut auswellen, 20 Minuten ruhen lassen, dann den Vorgang noch zweimal wiederholen. Nach dem letzten Ruhen, den Teig ½ cm dick auswellen, kreisrunde Fläche mit etwa10 cm Durchmesser ausstechen, in die Mitte
je 1 TL gesüßtes Hägemark	
(insgesamt ca. 100 – 150 g)	geben, die Ränder mit
1 – 2 Eiweiß	bestreichen. Die eine Teighälfte darüber schlagen und festdrücken. Die Kräpfle mit
1 Eigelb	bestreichen, im vorgeheizten Ofen bei 200 °C etwa 20 Minuten backen. Abkühlen lassen.

Tipp: Statt Apfelsaft können Sie auch Wasser nehmen und statt Hägemark auch eine Fruchtmarmelade.

Aufstriche

Manchmal können Schwaben stur sein, denn

do hat mei Großvadder gemiggt, do hat mei Vadder gemiggt, do migg auch i, ond wenn's da Berg nuffgoht.

Dort hat mein Großvater gebremst, dort hat mein Vater gebremst, also bremse auch ich dort und selbst wenn es den Berg hinaufgeht.

und nochmal ein Beispiel für Logik:

Des geschied meiner Muddr reachd, dass mi's and Finger friert, worum hot se mir koine Hendschich gä?

Das geschieht meiner Mutter recht, dass es mich an den Fingern friert, warum hat sie mir keine Handschuhe mitgegeben?

Wenn ein Schwabe von »Gsälz« schwätzt, dann meint er einen mehr oder weniger süßen Brotaufstrich, der andernorts als Marmelade oder Konfitüre bezeichnet wird. Wichtig beim Gsälz ist, dass es immer aus Frucht und nie aus Saft gemacht wird. Wobei das folgende Rezept nicht unbedingt klassisch zu nennen ist.

Kürbis-Melonen-Gsälz

150 g Hokkaido-Kürbis	grob raspeln,
150 g Honig-Melone	in kleine Würfel schneiden.
1 EL Honig	sowie
1 – 2 EL Apfelsaft	in einen Topf geben, erhitzen.
1 cm Ingwerwurzel	sehr fein hacken oder reiben, in der Honigmasse leicht mitbraten, dann Kürbis und Melone zufügen, einige Minuten köcheln lassen,
1 – 2 EL Pfeilwurzelmehl Zimt	in wenig Wasser auflösen und mit in die Masse rühren. Wenn die Melone und der Kürbis nicht ganz zerfallen sind, zwei Drittel der Masse pürieren. Alles in ein Glas füllen und nach dem Abkühlen im Kühlschrank aufbewahren.

Tipp 1: Nehmen Sie nur 1 EL Pfeilwurzelmehl und fügen Sie noch 30 – 50 g Kokosflocken dazu.

Tipp 2: Nehmen Sie statt Melonen einfach die gleiche Menge Zwetschgen, wie wir Schwaben sie nennen oder Pflaumen.

Serviervorschlag: Schmeckt auf jedem Brot, ich genieße den Aufstrich aber auch zu Pfannkuchen.

Beerenobst wie Erd-, Him-, Stachel- oder Johannisbeeren ist ideal für die schwäbische Marmelade, aber auch Kirschen oder Zwetschgen kann man gut verwenden, roh oder gekocht.

Frisches Beeren-Gsälz

500 g frische Beeren	mit
150 g Honig	pürieren,
5 ml Biobin	gut unterrühren. Fertig hält sich das Gsälz im Kühlschrank bis zu drei Wochen.

Gekochtes Beeren-Gsälz

500 g Beeren	sowie
150 g Honig	pürieren und aufkochen,
1 – 2 EL Pfeilwurzelmehl	in
2 – 3 EL Apfelsaft	verrühren, dazugeben und gut unterrühren, einige Minuten kochen und heiß in Gläser mit Schraubverschluss füllen.

Trockenfrüchte-Gsälz

250 g Trockenpflaumen	mit
150 g Aprikosen	und
100 g Feigen	in
300 – 400 ml Apfelsaft	über Nacht einweichen, die Flüssigkeit sollte die Früchte bedecken, gegebenenfalls etwas Wasser zugeben, am andern Morgen im Einweichwasser erhitzen, die Früchte im Einweichwasser heiß pürieren,
1 – 2 El Pfeilwurzelmehl	in
2 EL heißem Apfelsaft	erhitzen, zu den Früchten geben und unter ständigem Rühren kurz mitkochen und heiß in Schraubgläser füllen.

Tipp: Mit Zimt, Vanille, Koriander, Kardamom, einzeln oder gemischt, erhalten Sie immer neue Geschmacksnuancen.

Sollte einmal von einem Linseneintopf etwas übrig bleiben – darauf sollten Sie sich aber nicht verlassen –, dann machen Sie daraus den folgenden Aufstrich. Besser beraten sind Sie aber, wenn Sie von vorneherein etwas mehr zubereiten.

Beim folgenden Rezept ist es einer Bekannten gelungen, sogar einen Metzger über die ausschließlich vegetarischen Zutaten im Unklaren zu lassen, er hatte sich nur gewundert, dass er in ihrem Hause einen Leberwurstaufstrich erhalten hatte.

Linsenaufstrich

150 g Linseneintopf	noch heiß oder nochmals leicht erhitzt in den Mixer geben,
1 kleine Zwiebel	würfeln und in
1 EL Butter	anbraten, bis sie sich zu bräunen beginnen,
50 – 80 g Butter	schmelzen lassen und beides zu den Linsen in den Mixer geben, kurz pürieren, dann kräftig mit
Salz, Pfeffer, Paprika, Oregano	und vor allem mit
Majoran	würzen. Nochmals pürieren, dann in Schraubgläser füllen und nach dem Erkalten im Kühlschrank aufbewahren.

Eine große Vielfalt an Aufstrichen ist möglich, wenn Sie beim Kochen und Braten von Gemüse immer auch den Gedanken an einen Aufstrich im Hinterkopf haben. Allerdings hatte ich schon, als ich noch in meinem Restaurant »Salatschüssel« kochte, ein Problem damit, wenn jemand kam und sagte, »genau so einen Aufstrich möchte ich noch einmal«. Das ging und geht leider nicht, denn da ich sowohl bei der Gemüsezubereitung als auch beim Würzen oder der Buttermenge variiere, gibt es nur Unikate, die sich nicht wiederholen lassen.

Gemüseaufstrich

150 g heißes, gekochtes Gemüse	mit
100 g Butter	pürieren, nach Bedarf mit
Salz,	
Pfeffer,	
Paprika,	
Basilikum	und
Muskat	würzen, in Schraubgläser füllen und nach dem Erkalten im Kühlschrank aufbewahren.

Tipp: Die Butter und das Gemüse müssen sich gerade so pürieren lassen, denn es darf nicht zu flüssig sein – da können Sie mit Weckmehl, gem. Nüssen usw. eingreifen – aber der Mixer darf auch nicht hohl (leer) laufen, denn dann wird das Gemüse nicht ausreichend zerkleinert.

Als geborener Schwabe darf ich das, aber wehe, es würde ein Nichtschwabe sagen:

Ein letztes Beispiel für Sparsamkeit

Zom Daimler Läädrsitz kaufe,
ond mid wiasche Schonbeziag bis zum Verkauf verstecka
Für den Mercedes teure Ledersitze kaufen
und diese bis zum Verkauf unter
unansehnlichen Schonbezügen verstecken

Schwäbische Verhandlungslogik

Schenka kann i dirs net,
sonsch koascht koi Skonto mer abziaga
Schenken kann ich es dir nicht,
denn dann kannst du ja kein Skonto mehr abziehen

und diese Lebensweisheit zum Schluss

Gescheidr,
mr denkt ällas, was mr sait,
als nr sait älles, war mr denkt
Es ist klüger, alles zu bedenken, was man sagt,
als alles zu sagen, was man denkt

Über den Autor

Herbert Walker, Jahrgang 1946, Dipl.-Bauing. und Betriebswirt (VWA), entschloss sich als engagierter Tierschützer und Tierversuchsgegner Mitte der 80er-Jahre über die Vollwertkost zur vegetarischen Lebensweise. Nach einer Ausbildung bei Dr. Bruker als Gesundheitsberater (GGB) nahm er eine Auszeit vom erlernten Beruf und betrieb für drei Jahre in Heidenheim das vegetarische Vollwertrestaurant »Salatschüssel«. Daneben führte er im Restaurant und bei verschiedenen Volkshochschulen Vollwertkoch- und -backkurse durch und begann mit dem Schreiben von Büchern: sieben Kochbücher und ein Wanderbuch. Daneben war als freier Mitarbeiter für eine Zeitschrift für Baubiologie tätig. Seit Anfang der 90er-Jahre ist er als Unternehmensberater für die Baubranche tätig und hat hier mehrere Fachbücher veröffentlicht. Kochen und Backen sind immer noch seine wichtigsten Hobbys, er schreibt weiterhin Kochbücher und gibt hin und wieder Kochkurse.

Ein drittes Hobby, das er mit Ehefrau Ingrid teilt, ist das Fernwandern, und da Ingrid leidenschaftliche Fotografin ist, stellen beide in zahlreichen Diavorträgen die Schönheit unserer Heimat vor.

Rezeptindex

ISBN: 3-89566-208-9

Rheinstr. 37, 64283 Darmstadt
www.pala-verlag.de

Illustrationen und Umschlaggestaltung: Margret Schneevoigt
Lektorat: Wolfgang Hertling

Druck: fgb • freiburger graphische betriebe
www.fgb.de